Level 2

초등영단어
문장의 시작

차례

구성과 특징 1권-4권

〈초등영단어 문장의 시작〉은 초등학생이 알아야 할 1200단어를 공부하는 책이에요.

Level 1 – 4의 각 권에서 하루 10단어씩 30일간 300단어를 공부할 수 있어요.

매일 10단어씩 〈듣고 따라하기 ➡ 듣기 문제로 단어 익히기 ➡ 쓰기 문제로 단어 익히기 ➡ 문장 듣기로 단어 확장하기 ➡ 글 읽기로 단어 확장하기〉의 5단계로 공부해요.

Step › 1 듣고 따라하기

**주제별 10개의 영단어를
보고, 듣고, 큰 소리로 따라 하며 익혀요.**

그림으로 보고, 소리로 듣고, 입으로 따라 하면서
각 단어의 소리, 철자, 뜻을 익힐 수 있어요.
읽은 횟수를 표시하며 모든 단어를 세 번씩 반복해요.

Step › 2 듣기 문제로 단어 익히기

**들려주는 소리에 해당하는 단어를
직접 쓰고, 보며 익혀요.**

- 소리를 듣고 단어를 쓴 후 사진을 연결하는 유형
- 소리를 듣고 단어의 철자를 쓴 후 의미를 확인하는 유형

보고, 듣고, 쓰기가 결합된 퀴즈 형식의 문제로
재미있게 단어를 공부해요.

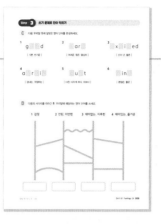

Step > 3 쓰기 문제로 단어 익히기

우리말 뜻이나 사진을 보고 단어를 기억해내며 전체 단어를 완성해요.

- 빈칸 채워 단어 완성하기
- 우리말 뜻에 맞는 전체 단어 써보기

훈련처럼 억지로 단어를 기억해내서 쓰는 것이 아니라
시각적 흥미를 일으키는 유형의 문제로 자연스럽게 단어를 익혀요.

Step > 4 문장 듣기로 단어 확장하기

들려주는 문장을 통해 단어의 쓰임을 공부해요.

단순한 단어 암기에 그치지 않고
문장에서의 쓰임을 이해할 수 있게 했어요.

Step > 5 글 읽기로 단어 확장하기

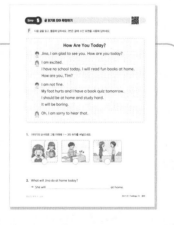

Step 4에서 학습한 문장을 활용한 짧은 글을 읽어요.

한 편의 글을 읽으며, 학습한 단어들이
글에서 어떻게 쓰이는지 알 수 있어요.

- 글의 전체 흐름을 파악하는 유형
- 글의 세부 내용을 파악하는 유형

두 가지 유형의 문제를 통해, 글을 이해했는지 확인해요.

💡 단어 학습을 도와주는 장치들 😲

Tips : 단어를 상황이나 때에 맞게 사용할 수 있는 팁을 제공해요.

Quick Check : 새로운 단어를 공부하기 전, 전날 배운 단어들을 듣고 받아쓰며 확인해요.

Review : 5일간 공부한 단어들을 간단하게 확인해요.

Workbook : 단어를 통으로 써보며 학습을 마무리해요. (별책)

Feelings (1) 감정 (1)

Step › 1 듣고 따라하기

다음은 Day 01에서 공부할 10개의 단어입니다. 모든 단어는 세 번씩 읽어줍니다.
단어 아래 표기된 ❶, ❷, ❸에 ✓ 표시하며 큰 소리로 따라하세요.

0301 **feeling** 감정	0302 **glad** 기쁜, 반가운	0303 **fine** 괜찮은, 좋은

✓ ❷ ❸	❶ ❷ ❸	❶ ❷ ❸

0304 **excited** 신이 난, 들뜬	0305 **fun** 재미있는, 즐거운	0306 **boring** 재미없는, 지루한

❶ ❷ ❸	❶ ❷ ❸	❶ ❷ ❸

0307 **hard** 어려운, 힘든; 열심히	0308 **afraid** 겁내는, 걱정하는	0309 **sorry** 안된, 미안한	0310 **hurt** 다친; 다치게 하다, 아프다

❶ ❷ ❸	❶ ❷ ❸	❶ ❷ ❸	❶ ❷ ❸

보기

| feeling | fine | fun | hard | sorry |
| glad | excited | boring | afraid | hurt |

A 들려주는 영어 단어를 보기에서 찾아 쓰고, 단어에 알맞은 사진을 연결하세요.

1 _____   2 _____   3 _____   4 _____

•   •   •   •

•   •   •   •

B 들려주는 영어 단어를 보기에서 찾아 쓰고, 괄호 안에서 알맞은 뜻을 고르세요.

1

(열심히 / 지루한)

2

(지루한 / 감정)

3

(걱정하는 / 미안한)

4

(다치게 하다 / 안된)

5

(재미있는 / 반가운)

6

(괜찮은 / 신이 난)

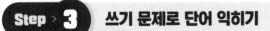

C 다음 우리말 뜻에 알맞은 영어 단어를 완성하세요.

1
g ☐ ☐ d

[기쁜, 반가운]

2
☐ a r ☐

[어려운, 힘든; 열심히]

3
☐ x ☐ i ☐ ed

[신이 난, 들뜬]

4
a ☐ r i ☐

[겁내는, 걱정하는]

5
☐ u ☐ t

[다친; 다치게 하다, 아프다]

6
☐ in ☐

[괜찮은, 좋은]

D 다음의 사다리를 따라간 후, 우리말에 해당하는 영어 단어를 쓰세요.

1 감정   **2** 안된, 미안한   **3** 재미없는, 지루한   **4** 재미있는, 즐거운

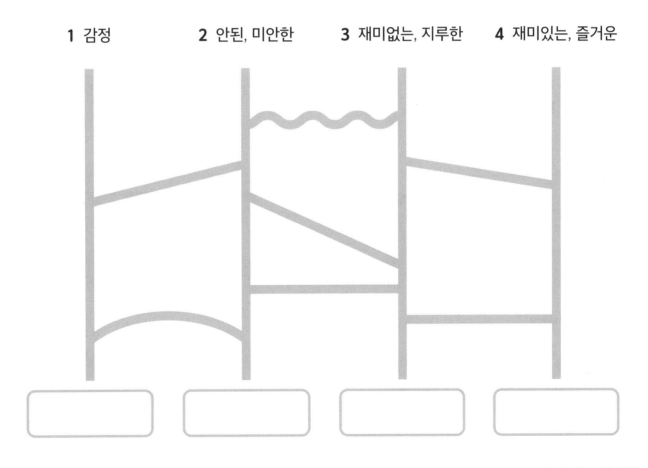

정답 및 해석 >> p34

DAY 01 Feelings (1) **009**

E 다음을 듣고 빈칸을 채워 문장을 완성한 후, 큰 소리로 따라하세요.

1 I am ☐ .

나는 신이 납니다.

2 I will read ☐ books at home.

나는 집에서 재미있는 책들을 읽을 겁니다.

3 I am not ☐ .

나는 괜찮지 않습니다.

4 My foot ☐ .

나는 발이 아픕니다.

5 I should be at home and study ☐ .

나는 집에 있어야 하고 열심히 공부해야 합니다.

6 It will be ☐ .

그것은 지루할 것입니다.

7 I am ☐ to hear that.

그거 안됐네요.

📝 **Expressions**

• at home : 집에서
• should : ~해야 한다
• I am sorry to hear that. : 그거 안됐다.
  (듣고 보니 안됐다.)

F 다음 글을 읽고, 물음에 답하세요. 2번은 글에 쓰인 표현을 사용해 답하세요.

How Are You Today?

 Tim
Jina, I am glad to see you. How are you today?

 Jina
I am excited.

I have no school today. I will read fun books at home.

How are you, Tim?

 Tim
I am not fine.

My foot hurts and I have a book quiz tomorrow.

I should be at home and study hard.

It will be boring.

 Jina
Oh, I am sorry to hear that.

1. 이야기의 순서대로 그림 아래에 1 ~ 3의 숫자를 써넣으세요.

2. What will Jina do at home today?

➡ She will _____ _____ _____ at home.

정답 및 해석 >> p35

Quick Check

● Day 01에서 학습한 단어들을 듣고 쓴 후, 그 단어의 우리말 뜻을 쓰세요.

1 _____ → _____

2 _____ → _____

3 _____ → _____

4 _____ → _____

5 _____ → _____

6 _____ → _____

7 _____ → _____

8 _____ → _____

9 _____ → _____

10 _____ → _____

✎ 틀린 단어 써보기

_____

_____

DAY 02
Feelings (2) 감정 (2)

Step > 1 듣고 따라하기

다음은 Day 02에서 공부할 10개의 단어입니다. 모든 단어는 세 번씩 읽어줍니다.
단어 아래 표기된 ❶, ❷, ❸에 ∨ 표시하며 큰 소리로 따라하세요.

0311
like
좋아하다; ~처럼

✓❶ ❷ ❸

0312
love
사랑하다; 사랑

❶ ❷ ❸

0313
want
원하다

❶ ❷ ❸

0314
need
필요하다

❶ ❷ ❸

0315
welcome
환영하다

❶ ❷ ❸

0316
hate
몹시 싫어하다, 미워하다; 증오

❶ ❷ ❸

0317
hope
희망하다; 희망

❶ ❷ ❸

0318
laugh
웃음; 웃다

❶ ❷ ❸

0319
worry
걱정하다

❶ ❷ ❸

0320
joy
(큰) 기쁨

❶ ❷ ❸

보기

like	want	welcome	hope	worry
love	need	hate	laugh	joy

A 들려주는 영어 단어를 보기 에서 찾아 쓰고, 단어에 알맞은 사진을 연결하세요.

1 _____

•

2 _____

•

3 _____

•

4 _____

•

•

•

•

B 들려주는 영어 단어를 보기 에서 찾아 쓰고, 괄호 안에서 알맞은 뜻을 고르세요.

1

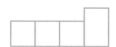

(환영하다 / 필요하다)

2

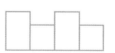

(~처럼 / (큰) 기쁨)

3

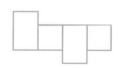

(희망하다 / 사랑하다)

4

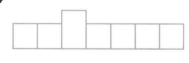

(원하다 / 환영하다)

5

(좋아하다 / (큰) 기쁨)

6

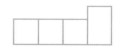

(웃다 / 원하다)

C 다음 우리말 뜻에 알맞은 영어 단어를 완성하세요.

1 ☐ ☐ y

[(큰) 기쁨]

2 l ☐ ☐ e

[사랑하다; 사랑]

3 ☐ a n ☐

[원하다]

4 h ☐ p ☐

[희망하다; 희망]

5 l ☐ u ☐ h

[웃음; 웃다]

6 ☐ e e ☐

[필요하다]

D 다음의 사다리를 따라간 후, 우리말에 해당하는 영어 단어를 쓰세요.

1 환영하다   **2** 걱정하다   **3** 미워하다; 증오   **4** 좋아하다; ~처럼

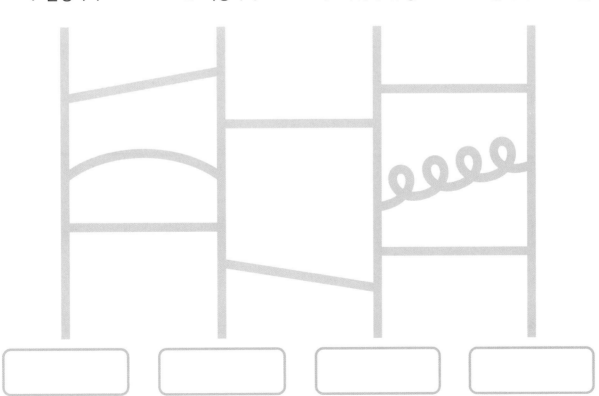

E 다음을 듣고 빈칸을 채워 문장을 완성한 후, 큰 소리로 따라하세요.

1 I [　　　　　] chocolate, ice cream, and candies.

나는 초콜릿, 아이스크림, 그리고 사탕을 좋아합니다.

2 I [　　　　　] candies every day.

나는 사탕을 매일 원합니다.

3 I do not [　　　　　] fruit and vegetables.

나는 과일과 채소를 좋아하지 않습니다.

4 I [　　　　　] to go see a dentist.

나는 치과에 가는 것을 몹시 싫어합니다.

5 Don't [　　　　　].

걱정하지 마세요.

6 I [　　　　　] with [　　　　　].

나는 기뻐서 웃습니다.

📝 **Expressions**

• **every day** : 매일
• **go see a dentist** : 치과에 가다 (dentist : 치과 의사)

F 다음 글을 읽고, 물음에 답하세요. 2번은 글에 쓰인 표현을 사용해 답하세요.

I Hate to Go See a Dentist!

Jina loves chocolate, ice cream, and candies.

She wants them every day.

She does not like fruit and vegetables.

She does not want them.

One day, her tooth hurts.

She hates to go see the dentist.

But her mother takes her to the dentist.

The dentist says, "Don't worry, Jina. Your tooth is fine."

She laughs with joy.

But he says, "Do not eat too many candies."

1. 이야기의 순서대로 그림 아래에 1 ~ 4의 숫자를 써넣으세요.

2. What kind of food does Jina not like?

➡ She _____ _____ and _____ .

정답 및 해석 >> p36

Quick Check

● Day 02에서 학습한 단어들을 듣고 쓴 후, 그 단어의 우리말 뜻을 쓰세요.

1 　　　　　　　　　　 →

2 　　　　　　　　　　 →

3 　　　　　　　　　　 →

4 　　　　　　　　　　 →

5 　　　　　　　　　　 →

6 　　　　　　　　　　 →

7 　　　　　　　　　　 →

8 　　　　　　　　　　 →

9 　　　　　　　　　　 →

10 　　　　　　　　　　 →

✎ 틀린 단어 써보기

DAY 03 Feelings (3) 감정 (3)

Step > 1 듣고 따라하기

다음은 Day 03에서 공부할 10개의 단어입니다. 모든 단어는 세 번씩 읽어줍니다.

단어 아래 표기된 ❶, ❷, ❸에 ✓ 표시하며 큰 소리로 따라하세요.

0321 happy	0322 sad	0323 angry	0324 mad
행복한, 기쁜	슬픈	화난	몹시 화난

❶ ❷ ❸　　❶ ❷ ❸　　❶ ❷ ❸　　❶ ❷ ❸

💡**TIPS** mad는 angry보다 '화난 정도가 더 심한' 상태를 표현해요.

0325 interesting	0326 surprised	0327 strange
재미있는, 흥미로운	놀란, 놀라는	이상한, 낯선

❶ ❷ ❸　　❶ ❷ ❸　　❶ ❷ ❸

0328 fond	0329 nervous	0330 wish
좋아하는	초조해하는, 긴장한	바라다; 소원

 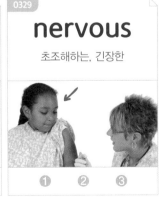 

❶ ❷ ❸　　❶ ❷ ❸　　❶ ❷ ❸

보기

happy	angry	interesting	strange	nervous
sad	mad	surprised	fond	wish

A 들려주는 영어 단어를 보기 에서 찾아 쓰고, 단어에 알맞은 사진을 연결하세요.

1 _____ 2 _____ 3 _____ 4 _____

•   •   •   •

•   •   •   •

B 들려주는 영어 단어를 보기 에서 찾아 쓰고, 괄호 안에서 알맞은 뜻을 고르세요.

1

(화난 / 슬픈)

2

(낯선 / 초조해하는)

3

(놀라는 / 초조해하는)

4

(바라다 / 행복한)

5

(행복한 / 좋아하는)

6

(흥미로운 / 이상한)

C 다음 우리말 뜻에 알맞은 영어 단어를 완성하세요.

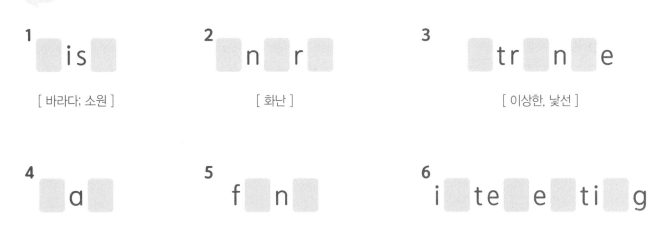

1   ☐ i s ☐

[바라다; 소원]

2   ☐ n ☐ r ☐

[화난]

3   ☐ t r ☐ n ☐ e

[이상한, 낯선]

4   ☐ a ☐

[몹시 화난]

5   f ☐ n ☐

[좋아하는]

6   i ☐ t e ☐ e ☐ t i ☐ g

[재미있는, 흥미로운]

D 다음의 사다리를 따라간 후, 우리말에 해당하는 영어 단어를 쓰세요.

1 초조해하는   **2** 슬픈   **3** 놀란, 놀라는   **4** 행복한, 기쁜

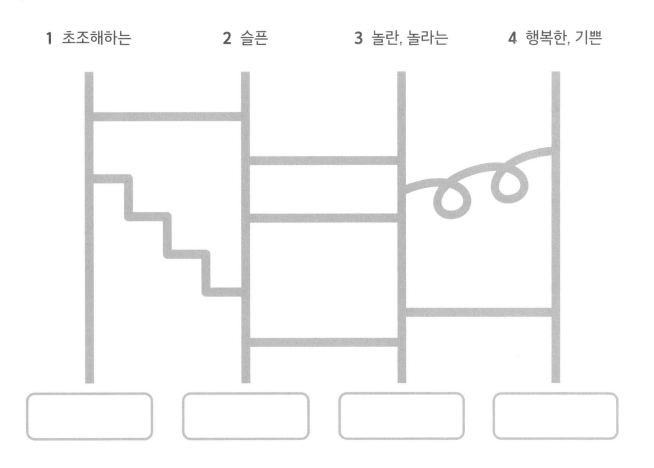

E 다음을 듣고 빈칸을 채워 문장을 완성한 후, 큰 소리로 따라하세요.

1 Jina is ☐ of animals.

　　Jina는 동물들을 좋아합니다.

2 She reads books about ☐ and ☐ animals.

　　그녀는 흥미롭고 이상한 동물들에 대한 책을 읽습니다.

3 I want to see ☐ animals.

　　나는 흥미로운 동물들을 보기를 원합니다.

4 She is ☐.

　　그녀는 놀랍니다.

5 The animals do not look ☐.

　　동물들이 행복해 보이지 않습니다.

6 They look ☐ and ☐.

　　그들은 긴장한 듯 보이고 슬퍼 보입니다.

📝 **Expressions**

- be fond of ~ : ~를 좋아하다
- read : 읽다
- see : 보다
- look : 보이다

F 다음 글을 읽고, 물음에 답하세요. 2번은 글에 쓰인 표현을 사용해 답하세요.

Jina, at the Zoo

Jina is fond of animals.

She reads books about interesting and strange animals.

"I want to see these interesting animals," she says.

"Let's go to the zoo," her mom says.

Jina can see the animals in her books.

She is happy now.

They arrive at the zoo.

But she is surprised. The animals do not look happy.

They look nervous and sad.

Now, Jina is sad.

1. 이야기의 순서대로 그림 아래에 1 ~ 4의 숫자를 써넣으세요.

2. Why is Jina sad?

➡ Because the animals in the zoo look _____ and _____ .

정답 및 해석 >> p37

Quick Check

● Day 03에서 학습한 단어들을 듣고 쓴 후, 그 단어의 우리말 뜻을 쓰세요.

1 _____ ➡ _____

2 _____ ➡ _____

3 _____ ➡ _____

4 _____ ➡ _____

5 _____ ➡ _____

6 _____ ➡ _____

7 _____ ➡ _____

8 _____ ➡ _____

9 _____ ➡ _____

10 _____ ➡ _____

✎ 틀린 단어 써보기

_____

_____

Jobs (1) 직업 (1)

학습한 날: _____ / _____

Step 1 듣고 따라하기

다음은 Day 04에서 공부할 10개의 단어입니다. 모든 단어는 세 번씩 읽어줍니다.
단어 아래 표기된 ❶, ❷, ❸에 ✔ 표시하며 큰 소리로 따라하세요.

0331 job
직업, 직장, 일자리

✔ ❷ ❸

0332 project
프로젝트, 과제

❶ ❷ ❸

0333 work
일하다; 일, 직장

❶ ❷ ❸

0334 staff
직원

❶ ❷ ❸

0335 role
역할

❶ ❷ ❸

0336 company
회사, 동료

❶ ❷ ❸

0337 doctor
의사

❶ ❷ ❸

0338 nurse
간호사

❶ ❷ ❸

0339 firefighter
소방관

❶ ❷ ❸

0340 police officer
경찰관

❶ ❷ ❸

job	work	role	doctor	firefighter
project	staff	company	nurse	police officer

A 들려주는 영어 단어를 보기에서 찾아 쓰고, 단어에 알맞은 사진을 연결하세요.

1 _____ **2** _____ **3** _____ **4** _____

•　　　　　　•　　　　　　•　　　　　　•

•　　　　　　•　　　　　　•　　　　　　•

B 들려주는 영어 단어를 보기에서 찾아 쓰고, 괄호 안에서 알맞은 뜻을 고르세요.

1

(역할 / 직원)

2

(의사 / 간호사)

3

(경찰관 / 소방관)

4

(역할 / 직장)

5

(동료 / 과제)

6

(소방관 / 경찰관)

C 다음 우리말 뜻에 알맞은 영어 단어를 완성하세요.

1

p □ o □ e □ t

[프로젝트, 과제]

2

po □ i □ e o □ ic □ r

[경찰관]

3

j □ □

[직업, 직장, 일자리]

4

s □ a □ □

[직원]

5

f □ r □ fi □ ter

[소방관]

6

□ o □ to □

[의사]

D 다음의 사다리를 따라간 후, 우리말에 해당하는 영어 단어를 쓰세요.

1 역할　　**2** 회사, 동료　　**3** 간호사　　**4** 일하다

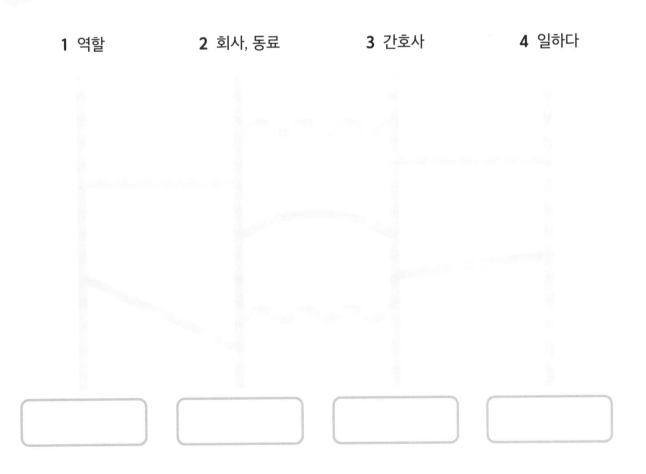

E 다음을 듣고 빈칸을 채워 문장을 완성한 후, 큰 소리로 따라하세요.

1 I want to be a [   ].

나는 간호사가 되고 싶습니다.

2 A nurse [   ] for sick people.

간호사는 아픈 사람들을 위해 일합니다.

3 A [   ] helps people in the town.

경찰관은 마을 사람들을 도와줍니다.

4 I want to be a [   ].

나는 소방관이 되고 싶습니다.

5 I want to work at a big [   ].

나는 큰 회사에서 일하기를 원합니다.

6 I will work on a [   ] team.

나는 프로젝트팀에서 일할 것입니다.

📝 **Expressions**
- sick : 아픈
- town : 마을, (소) 도시
- big : 큰

F 다음 글을 읽고, 물음에 답하세요. 2번은 글에 쓰인 표현을 사용해 답하세요.

What Do You Want to Be?

Jina I want to be a nurse.
A nurse works for sick people.

Tim I want to be a police officer.
A police officer helps people in the town.

Sumi I want to be a firefighter.
I will drive a fire engine.

Ed I want to be a teacher.
I like teaching and I love children.

Kate I want to work at a big company.
I will work on a project team like my father.

1. 윗글의 내용에 맞는 그림에는 T를, 맞지 않는 그림에는 F를 써넣으세요.

2. What do nurses do?

➡ They _____ _____ _____ _____.

정답 및 해석 >> p38

Quick Check

● Day 04에서 학습한 단어들을 듣고 쓴 후, 그 단어의 우리말 뜻을 쓰세요.

1   ➡

2   ➡

3   ➡

4   ➡

5   ➡

6   ➡

7   ➡

8   ➡

9   ➡

10   ➡

✎ 틀린 단어 써보기

DAY 05

Jobs (2) 직업 (2)

Step > 1 듣고 따라하기

다음은 Day 05에서 공부할 10개의 단어입니다. 모든 단어는 세 번씩 읽어줍니다.
단어 아래 표기된 ❶, ❷, ❸에 ✓ 표시하며 큰 소리로 따라하세요.

0341 **artist** 화가, 예술가	0342 **model** 모델, 모형	0343 **singer** 가수
 ✓ ❷ ❸	 ❶ ❷ ❸	 ❶ ❷ ❸

0344 **dancer** 무용수	0345 **actor** 배우	0346 **writer** 작가	0347 **cook** 요리사; 요리하다
 ❶ ❷ ❸	 ❶ ❷ ❸	 ❶ ❷ ❸	 ❶ ❷ ❸

0348 **soldier** 군인	0349 **scientist** 과학자	0350 **pilot** 조종사
 ❶ ❷ ❸	 ❶ ❷ ❸	 ❶ ❷ ❸

| artist | singer | actor | cook | scientist |
| model | dancer | writer | soldier | pilot |

A 들려주는 영어 단어를 보기에서 찾아 쓰고, 단어에 알맞은 사진을 연결하세요.

1 _____   2 _____   3 _____   4 _____

•   •   •   •

•   •   •   •

B 들려주는 영어 단어를 보기에서 찾아 쓰고, 괄호 안에서 알맞은 뜻을 고르세요.

1

(과학자 / 군인)

2

(작가 / 배우)

3

(무용수 / 모형)
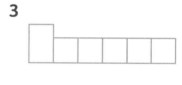

4

(조종사 / 군인)
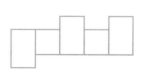

5

(작가 / 화가)
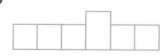

6

(모형 / 배우)
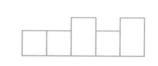

C 다음 우리말 뜻에 알맞은 영어 단어를 완성하세요.

1 si ☐ ☐ e ☐

[가수]

2 c ☐ ☐ k

[요리사; 요리하다]

3 s ☐ ien ☐ is ☐

[과학자]

4 a ☐ ti ☐ ☐

[화가, 예술가]

5 ☐ o ☐ ☐ ier

[군인]

6 a ☐ to ☐

[배우]

D 다음의 사다리를 따라간 후, 우리말에 해당하는 영어 단어를 쓰세요.

1 작가   **2** 모델, 모형   **3** 무용수   **4** 조종사

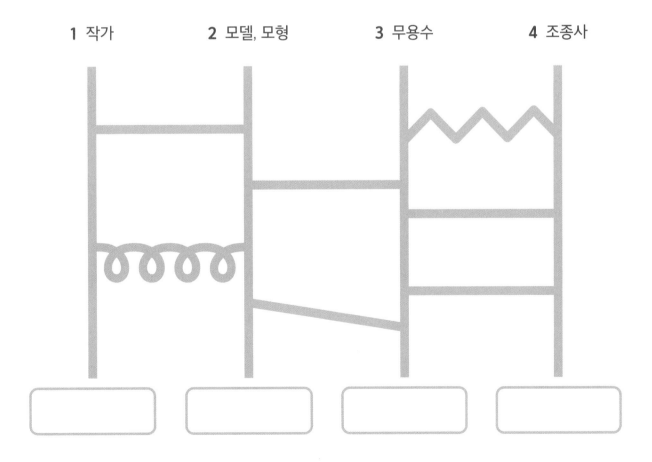

E 다음을 듣고 빈칸을 채워 문장을 완성한 후, 큰 소리로 따라하세요.

1 An ☐ works with a ☐. They make art.

예술가는 모델과 함께 일합니다. 그들은 예술을 만듭니다.

2 A ☐ works with a ☐. They make a show.

가수는 무용수와 일합니다. 그들은 공연을 만듭니다.

3 A ☐ works with an ☐. They make a movie.

작가는 배우와 일합니다. 그들은 영화를 만듭니다.

4 A ☐ works with a ☐.They make a safe country.

군인은 비행기 조종사와 일합니다. 그들은 안전한 나라를 만듭니다.

📝 **Expressions**
- art : 예술, 예술품
- show : 쇼, 공연
- movie : 영화
- safe : 안전한
- country : 나라

F 다음 글을 읽고, 물음에 답하세요. 2번은 글에 쓰인 표현을 사용해 답하세요.

Who Do They Work with?

An artist works with a model.

They make art.

A singer works with a dancer.

They make a show.

A writer works with an actor.

They make a movie.

A soldier works with a pilot.

They make a safe country.

1. 이야기의 순서대로 그림 아래에 1 ~ 4의 숫자를 써넣으세요.

2. What does a soldier do with a pilot?

➡ They _____ .

Review

A 다음 사진에 해당하는 영어 단어를 고르세요.

1

[pilot / soldier]

2

[boring / sorry]

3

[surprised / fond]

4

[interesting / nervous]

5

[hard / fine]

6

[laugh / need]

B 다음 영어 단어와 우리말 뜻을 선으로 연결하세요.

1	joy		원하다
2	want		이상한, 낯선
3	staff		역할
4	role		회사, 동료
5	strange		직원
6	mad		몹시 화난
7	company		(큰) 기쁨

C 다음 사진에 해당하는 영어 단어를 보기에서 골라 쓰세요.

보기
sad	angry	doctor	scientist
cook	nurse	sorry	hate

1

2

3

4

5

6

7

8

D 다음 우리말을 영어로 옮길 때, 빈칸에 알맞은 말을 보기에서 골라 쓰세요.

보기
writer	job	fond	afraid	like

1 당신의 직업은 무엇입니까?   → What is your .... ?

2 나는 엄마처럼 노래를 잘합니다.   → I am a good singer .... my mom.

3 나는 초콜릿 케이크를 좋아합니다.   → I am .... of chocolate cake.

4 그녀는 작가가 되기를 원합니다.   → She wants to be a ....

5 당신은 거미를 무서워하나요?   → Are you .... of spiders?

정답 및 해석 >> p40

Quick Check

● Day 05에서 학습한 단어들을 듣고 쓴 후, 그 단어의 우리말 뜻을 쓰세요.

1 _____ → _____

2 _____ → _____

3 _____ → _____

4 _____ → _____

5 _____ → _____

6 _____ → _____

7 _____ → _____

8 _____ → _____

9 _____ → _____

10 _____ → _____

✍ 틀린 단어 써보기

_____

Sports (1) 운동 (1)

다음은 Day 06에서 공부할 10개의 단어입니다. 모든 단어는 세 번씩 읽어줍니다.
단어 아래 표기된 ❶, ❷, ❸에 ∨ 표시하며 큰 소리로 따라하세요.

0351 **sport**
운동, 스포츠
❶ ❷ ❸

0352 **score**
득점하다; 점수
❶ ❷ ❸

0353 **play**
경기하다, 연주하다, 놀다
❶ ❷ ❸

0354 **bat**
방망이, 박쥐
❶ ❷ ❸

0355 **basketball**
농구
❶ ❷ ❸

0356 **baseball**
야구
❶ ❷ ❸

0357 **soccer**
축구
❶ ❷ ❸

💡TIPS 유럽에서는 '축구'를 표현할 때 주로 football을 사용해요.
그러나 미국이나 캐나다에서는 발로 차는 축구는 soccer로 표현하고, football은 공을 들고 뛰는 '미식축구'를 가리켜요.

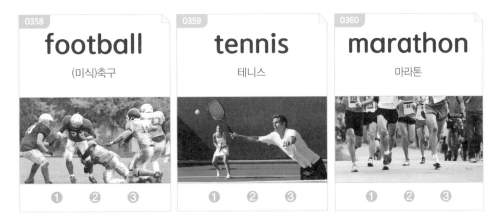

0358 **football**
(미식)축구
❶ ❷ ❸

0359 **tennis**
테니스
❶ ❷ ❸

0360 **marathon**
마라톤
❶ ❷ ❸

Step › 2 듣기 문제로 단어 익히기

| sport | bat | baseball | play | tennis |
| score | basketball | soccer | football | marathon |

A 들려주는 영어 단어를 [보기]에서 찾아 쓰고, 단어에 알맞은 사진을 연결하세요.

1 _____

2 _____

3 _____

4 _____

•   •   •   •

•   •   •   •

B 들려주는 영어 단어를 [보기]에서 찾아 쓰고, 괄호 안에서 알맞은 뜻을 고르세요.

1

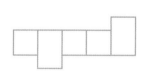

(운동 / 점수)

2

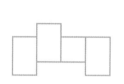

(경기하다 / 득점하다)

3

(테니스 / 마라톤)

4

(야구 / 농구)

5

(점수 / 연주하다)

6

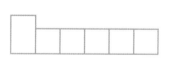

((미식)축구 / 농구)

C 다음 우리말 뜻에 알맞은 영어 단어를 완성하세요.

1 b □ s □ ba □ □

[야구]

2 □ oo □ □ all

[(미식)축구]

3 s □ □ □ er

[축구]

4 m □ r □ th □ n

[마라톤]

5 te □ ni □

[테니스]

6 b □ □

[방망이, 박쥐]

D 다음의 사다리를 따라간 후, 우리말에 해당하는 영어 단어를 쓰세요.

1 경기하다 **2** 농구 **3** 득점하다; 점수 **4** 운동, 스포츠

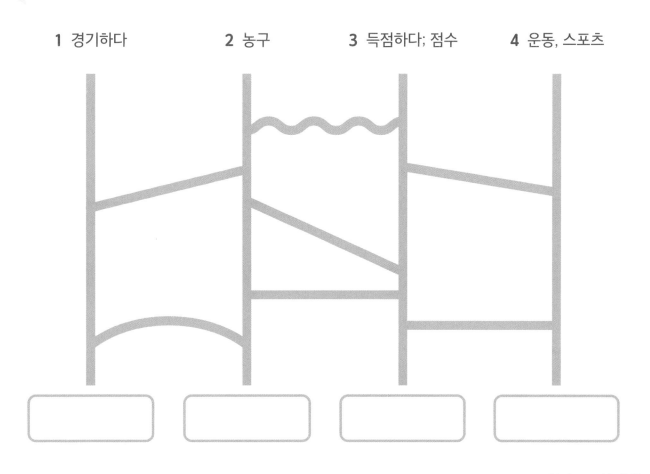

E   다음을 듣고 빈칸을 채워 문장을 완성한 후, 큰 소리로 따라하세요.

1   What [   ] do you like [   ]?

당신은 어떤 스포츠를 하는 것을 좋아합니까?

2   I have a [   ] and a glove.

나는 야구 방망이와 글러브를 가지고 있습니다.

3   I [   ] [   ] with my friends every day.

나는 나의 친구들과 매일 야구를 합니다.

4   I [   ] [   ] with my dad in the afternoon.

나는 오후에 나의 아빠와 테니스를 칩니다.

5   I like playing [   ] and [   ].

나는 축구와 농구를 하는 것을 좋아합니다.

📝 **Expressions**
- like -ing : ~하는 것을 좋아하다
- every day : 매일
- in the afternoon : 오후에

F 다음 글을 읽고, 물음에 답하세요. 2번은 글에 쓰인 표현을 사용해 답하세요.

What Sports Do You Like Playing?

Jina Tim, what sports do you like playing?

Tim I like playing baseball. I have a bat and a glove.

I play baseball with my friends every day.

Do you like playing baseball?

Jina No. I do not like playing baseball.

I like playing tennis.

I play tennis with my dad in the afternoon.

Tim Wow! I like playing tennis. I like ball sports.

So, I like playing soccer and basketball, too.

1. 이야기의 순서대로 그림 아래에 1 ~ 4의 숫자를 써넣으세요.

2. What does Jina do in the afternoon?

→ She _____ .

Quick Check

정답 및 해석 >> p41

● Day 06에서 학습한 단어들을 듣고 쓴 후, 그 단어의 우리말 뜻을 쓰세요.

1   ➡

2   ➡

3   ➡

4   ➡

5   ➡

6   ➡

7   ➡

8   ➡

9   ➡

10   ➡

✎ 틀린 단어 써보기

Sports (2) 운동 (2)

학습한 날: _____ / _____

Step 1 듣고 따라하기

다음은 Day 07에서 공부할 10개의 단어입니다. 모든 단어는 세 번씩 읽어줍니다.
단어 아래 표기된 ❶, ❷, ❸에 ∨ 표시하며 큰 소리로 따라하세요.

0361
swim
수영하다; 수영

❶ ❷ ❸

0362
skate
스케이트를 타다

❶ ❷ ❸

0363
ski
스키를 타다

❶ ❷ ❸

0364
track
경주로, 트랙

❶ ❷ ❸

0365
race
경주; 경주하다

❶ ❷ ❸

0366
court
경기장, 법정

❶ ❷ ❸

0367
medal
메달

❶ ❷ ❸

💡TIPS 이기는 대상이 사람인 경우에는 win을 사용하지 않고 beat(이기다, 패배시키다)를 사용해요.

0368
win
(경기에서) 이기다, (메달을) 따다

❶ ❷ ❸

0369
team
팀

❶ ❷ ❸

0370
player
운동선수

❶ ❷ ❸

swim	ski	race	medal	team
skate	track	court	win	player

A 들려주는 영어 단어를 보기 에서 찾아 쓰고, 단어에 알맞은 사진을 연결하세요.

1 _____

•

2 _____

•

3 _____

•

4 _____

•

•

•

•

B 들려주는 영어 단어를 보기 에서 찾아 쓰고, 괄호 안에서 알맞은 뜻을 고르세요.

1

(스키를 타다 / 스케이트)

2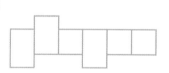

(경기장 / 운동선수)

3

(스케이트를 타다 / 스키)

4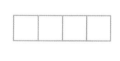

(경주 / 경주로)

5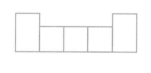

(경주로 / 메달)

6

(이기다 / 경주하다)

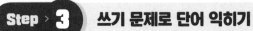

C 다음 우리말 뜻에 알맞은 영어 단어를 완성하세요.

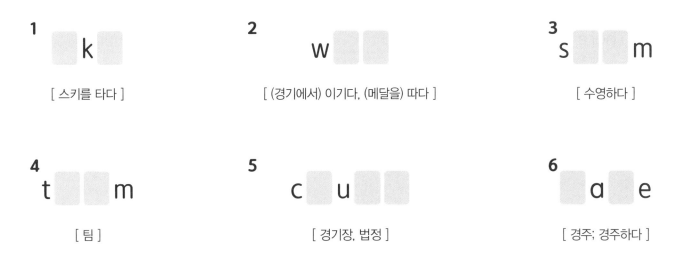

1

☐ k ☐

[스키를 타다]

2

w ☐ ☐

[(경기에서) 이기다, (메달을) 따다]

3

s ☐ ☐ m

[수영하다]

4

t ☐ ☐ m

[팀]

5

c ☐ u ☐ ☐

[경기장, 법정]

6

☐ a ☐ e

[경주; 경주하다]

D 다음의 사다리를 따라간 후, 우리말에 해당하는 영어 단어를 쓰세요.

1 운동선수　　　　**2** 메달　　　　**3** 경주로, 트랙　　　　**4** 스케이트를 타다

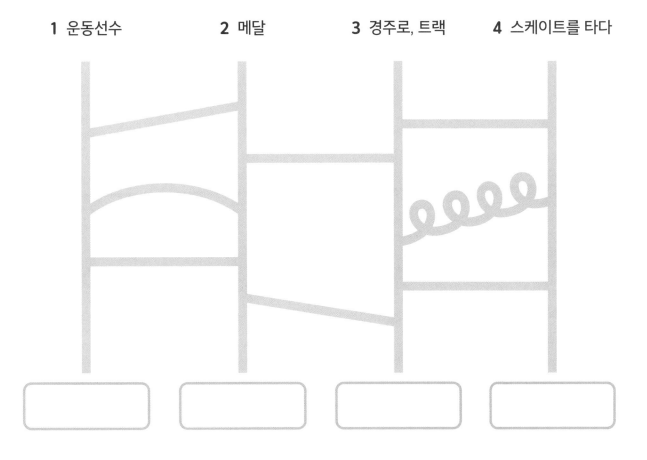

E 다음을 듣고 빈칸을 채워 문장을 완성한 후, 큰 소리로 따라하세요.

1 There is a ⬜⬜⬜ ⬜⬜⬜ next week.

다음 주에 수영 경주가 있습니다.

2 I can ⬜⬜⬜ the ⬜⬜⬜.

나는 그 경주에서 이길 수 있습니다.

3 I like to ⬜⬜⬜. It is fun and I am a good skier.

나는 스키 타는 것을 좋아합니다. 그것은 재미있고 나는 스키를 잘 탑니다.

4 I will ⬜⬜⬜ the gold ⬜⬜⬜ in the next race.

나는 다음 경주에서 금메달을 딸 것입니다.

5 I am not good at ⬜⬜⬜.

나는 스케이트를 잘 못 탑니다.

📝 **Expressions**
- next week : 다음 주
- skier : 스키 타는 사람
- gold medal : 금메달
- be good at -ing : ~하는 것을 잘하다

F　다음 글을 읽고, 물음에 답하세요. 2번은 글에 쓰인 표현을 사용해 답하세요.

Do You Like Summer Sports or Winter Sports?

Tim

I like summer sports.

Swimming is fun and I am a good swimmer.

There is a swim race next week.

I can win the race.

Jina

I like winter sports.

I like to ski. It is fun and I am a good skier.

I will win the gold medal in the next race.

I like to skate, too.

But I am not good at skating.

1.　윗글의 내용에 맞는 그림에는 T를, 맞지 않는 그림에는 F를 써넣으세요.

2.　What sport does Jina like to do?

➡ She likes to ＿＿＿＿＿＿＿ and ＿＿＿＿＿＿＿.

Quick Check

정답 및 해석 >> p42

● Day 07에서 학습한 단어들을 듣고 쓴 후, 그 단어의 우리말 뜻을 쓰세요.

1   ➡

2   ➡

3   ➡

4   ➡

5   ➡

6   ➡

7   ➡

8   ➡

9   ➡

10   ➡

✍ 틀린 단어 써보기

DAY 08

Sport Actions 운동 동작

Step > 1 듣고 따라하기

다음은 Day 08에서 공부할 10개의 단어입니다. 모든 단어는 세 번씩 읽어줍니다.
단어 아래 표기된 ❶, ❷, ❸에 ✔ 표시하며 큰 소리로 따라하세요.

0371 **roll** 굴리다, 구르다	0372 **throw** 던지다	0373 **catch** 잡다

 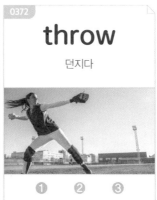 

❶ ❷ ❸   ❶ ❷ ❸   ❶ ❷ ❸

0374 **bounce** 튀기다	0375 **pass** 건네주다, 지나가다	0376 **shoot** (총을) 쏘다, (골에) 차다, 던지다	0377 **hit** 치다

❶ ❷ ❸   ❶ ❷ ❸   ❶ ❷ ❸   ❶ ❷ ❸

0378 **kick** 차다	0379 **run** 달리다	0380 **bend** 구부리다

❶ ❷ ❸   ❶ ❷ ❸   ❶ ❷ ❸

| roll | catch | pass | hit | run |
| throw | bounce | shoot | kick | bend |

A 들려주는 영어 단어를 보기 에서 찾아 쓰고, 단어에 알맞은 사진을 연결하세요.

1 _____   2 _____   3 _____   4 _____

•   •   •   •

•   •   •   •

B 들려주는 영어 단어를 보기 에서 찾아 쓰고, 괄호 안에서 알맞은 뜻을 고르세요.

1

(지나가다 / 잡다)

2

((골에) 던지다 / 굴리다)

3

(치다 / 구부리다)

4

(치다 / 튀기다)

5

(지나가다 / (총을) 쏘다)

6

(굴리다 / 구부리다)

C 다음 우리말 뜻에 알맞은 영어 단어를 완성하세요.

1 k ▢ ▢ k

[차다]

2 h ▢ ▢

[치다]

3 ▢ a s ▢

[건네주다, 지나가다]

4 c ▢ t ▢ ▢

[잡다]

5 ▢ e d

[구부리다]

6 s ▢ o o ▢

[(총을) 쏘다, (골에) 차다, 던지다]

D 다음의 사다리를 따라간 후, 우리말에 해당하는 영어 단어를 쓰세요.

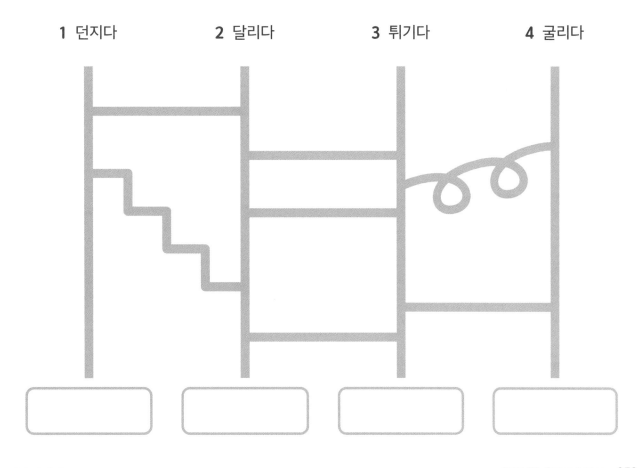

1 던지다   **2** 달리다   **3** 튀기다   **4** 굴리다

정답 및 해석 >> p42

E 다음을 듣고 빈칸을 채워 문장을 완성한 후, 큰 소리로 따라하세요.

1 I [   ] a ball to my sister.

나는 공을 내 여동생에게 굴려줍니다.

2 I [   ] a ball to my dad.

나는 공을 나의 아빠에게 던집니다.

3 I [   ] a ball.

나는 공을 잡습니다.

4 I [   ] a ball to my friend.

나는 공을 친구에게 찹니다.

5 I [   ] a ball and [   ] it to my brother.

나는 공을 튀기고 그것을 나의 형에게 패스합니다.

6 I [   ] a ball into the basket.

나는 공을 바구니 안으로 던집니다.

📝 **Expressions**
- into : ～ 안으로
- basket : 바구니

F 다음 글을 읽고, 물음에 답하세요. 2번은 글에 쓰인 표현을 사용해 답하세요.

What Can You Do with a Ball, Tim?

I play with a ball with my baby sister.
I roll the ball to her and she rolls it back to me.

I play with a ball with my dad.
I throw the ball to my dad and he catches it.

I play with a ball with my friend.
I kick the ball to my friend and he kicks it back.

I play with a ball with my brother.
I bounce the ball and pass it to him.
He shoots it into the basket.

1. 이야기의 순서대로 그림 아래에 1 ~ 4의 숫자를 써넣으세요.

2. What does Tim do with a ball with his dad?

➡ He ＿＿＿＿＿＿＿ the ball to his dad and he ＿＿＿＿＿＿＿ it.

Quick Check

정답 및 해석 >> p43

● Day 08에서 학습한 단어들을 듣고 쓴 후, 그 단어의 우리말 뜻을 쓰세요.

1   ➡

2   ➡

3   ➡

4   ➡

5   ➡

6   ➡

7   ➡

8   ➡

9   ➡

10   ➡

✏️ 틀린 단어 써보기

DAY 09

Money (1) 돈 (1)

Step > 1 듣고 따라하기

다음은 Day 09에서 공부할 10개의 단어입니다. 모든 단어는 세 번씩 읽어줍니다.
단어 아래 표기된 ❶, ❷, ❸에 ✓표시하며 큰 소리로 따라하세요.

0381	0382	0383
money 돈	**get** 얻다, 받다	**give** 주다

0384	0385	0386	0387
coin 동전	**bill** 지폐, 계산서	**cash** 현금	**check** 수표; 확인하다

0388	0389	0390
purse (여성용) 작은 지갑	**wallet** 지갑	**put** 놓다, 두다

| money | give | bill | check | wallet |
| get | coin | cash | purse | put |

A 들려주는 영어 단어를 보기 에서 찾아 쓰고, 단어에 알맞은 사진을 연결하세요.

1 _____
•

2 _____
•

3 _____
•

4 _____
•

•

•

•

•

B 들려주는 영어 단어를 보기 에서 찾아 쓰고, 괄호 안에서 알맞은 뜻을 고르세요.

1

(지폐 / 지갑)

2

(얻다 / 주다)

3

(계산서 / 작은 지갑)

4

(수표 / 두다)

5

(놓다 / 받다)

6

(동전 / 현금)

C 다음 우리말 뜻에 알맞은 영어 단어를 완성하세요.

1

e

[얻다, 받다]

2

b l

[지폐, 계산서]

3

c i

[동전]

4

wa et

[지갑]

5

o ey

[돈]

6

c e

[수표; 확인하다]

D 다음의 사다리를 따라간 후, 우리말에 해당하는 영어 단어를 쓰세요.

1 현금   **2** (여성용) 작은 지갑   **3** 주다   **4** 놓다, 두다

E 다음을 듣고 빈칸을 채워 문장을 완성한 후, 큰 소리로 따라하세요.

1 I will ☐ a ☐ to her.

나는 그녀에게 작은 지갑을 줄 것입니다.

2 I ☐ some ☐ from my mom.

나는 엄마에게서 약간의 돈을 받습니다.

3 I ☐ money in my ☐ .

나는 돈을 나의 지갑에 넣습니다.

4 I choose a pink ☐ for Jina.

나는 Jina를 위해 분홍색 작은 지갑을 고릅니다.

5 I ☐ ☐ and ☐ in the purse.

나는 동전과 지폐를 지갑 안에 넣습니다.

📝 **Expressions**

- will : ~할[일] 것이다
- some : 약간의
- choose : 고르다, 선택하다

F 다음 글을 읽고, 물음에 답하세요. 2번은 글에 쓰인 표현을 사용해 답하세요.

A Birthday Present for Jina

Today is Jina's birthday.

Tim will go to her birthday party.

He will give a purse to her.

He gets some money from his mom.

He puts it in his wallet.

He goes to the shop and chooses a pink purse

for Jina. Jina likes pink.

She can put coins and bills in the purse.

Tim hopes she likes it.

1. 이야기의 순서대로 그림 아래에 1 ~ 3의 숫자를 써넣으세요.

2. What does Tim choose for Jina's birthday?

➡ He chooses a _____ _____ .

정답 및 해석 >> p44

Quick Check

● Day 09에서 학습한 단어들을 듣고 쓴 후, 그 단어의 우리말 뜻을 쓰세요.

1 _____ → _____

2 _____ → _____

3 _____ → _____

4 _____ → _____

5 _____ → _____

6 _____ → _____

7 _____ → _____

8 _____ → _____

9 _____ → _____

10 _____ → _____

✎ 틀린 단어 써보기

DAY 10 Money (2) 돈 (2)

 Step 1 듣고 따라하기

다음은 Day 10에서 공부할 10개의 단어입니다. 모든 단어는 세 번씩 읽어줍니다.
단어 아래 표기된 ❶, ❷, ❸에 ✓ 표시하며 큰 소리로 따라하세요.

0391 **buy**
사다, 사주다
✓❶ ❷ ❸

0392 **pay**
지불하다
❶ ❷ ❸

0393 **borrow**
빌리다
❶ ❷ ❸

0394 **lend**
빌려주다
❶ ❷ ❸

0395 **save**
저축하다, 구하다
❶ ❷ ❸

0396 **waste**
낭비하다; 쓰레기
❶ ❷ ❸

0397 **allowance**
용돈
❶ ❷ ❸

0398 **change**
거스름돈; 바꾸다
❶ ❷ ❸

0399 **counter**
계산대
❶ ❷ ❸

0400 **credit card**
신용 카드
❶ ❷ ❸

| buy | borrow | save | allowance | counter |
| pay | lend | waste | change | credit card |

A   들려주는 영어 단어를 보기 에서 찾아 쓰고, 단어에 알맞은 사진을 연결하세요.

1 _____   **2** _____   **3** _____   **4** _____

•   •   •   •

•   •   •   •

B   들려주는 영어 단어를 보기 에서 찾아 쓰고, 괄호 안에서 알맞은 뜻을 고르세요.

1

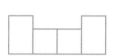

(지불하다 / 빌려주다)

2

(구하다 / 지불하다)

3

(거스름돈 / 용돈)

4

(빌리다 / 저축하다)

5

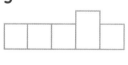

(구하다 / 낭비하다)

6

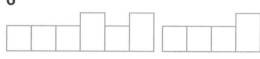

(신용 카드 / 계산대)

C 다음 우리말 뜻에 알맞은 영어 단어를 완성하세요.

1
p □ □

[지불하다]

2
□ a □ te

[낭비하다; 쓰레기]

3
l □ □ d

[빌려주다]

4
□ ha □ □ e

[거스름돈; 바꾸다]

5
□ □ ve

[저축하다, 구하다]

6
□ re □ it c □ □ d

[신용 카드]

D 다음의 사다리를 따라간 후, 우리말에 해당하는 영어 단어를 쓰세요.

1 사다, 사주다   **2** 빌리다   **3** 용돈   **4** 계산대

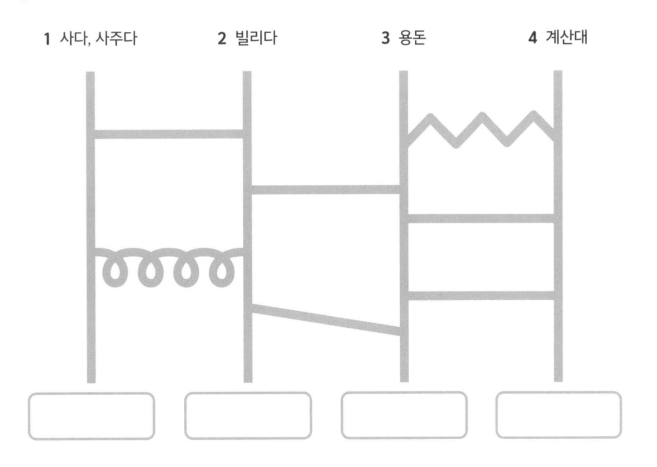

E 다음을 듣고 빈칸을 채워 문장을 완성한 후, 큰 소리로 따라하세요.

1 I get my ☐ from my dad.

나는 아빠에게 용돈을 받습니다.

2 I ☐ some money in my piggy bank.

나는 약간의 돈을 나의 돼지 저금통에 저금합니다.

3 I ☐ some snacks and books.

나는 약간의 간식과 책을 삽니다.

4 I do not ☐ my money.

나는 나의 돈을 낭비하지 않습니다.

5 I keep my ☐ in my wallet.

나는 거스름돈을 나의 지갑에 보관합니다.

6 I want to use a ☐ .

나는 신용 카드를 사용하기를 원합니다.

📝 **Expressions**

- some : 약간의
- piggy bank : 돼지 저금통
- snack : 간식
- keep : 보관하다

F 다음 글을 읽고, 물음에 답하세요. 2번은 글에 쓰인 표현을 사용해 답하세요.

Tim's Allowance

On Sundays, Tim gets his allowance from his dad.

He saves some money in his piggy bank.

He puts the rest of the money in his wallet.

He buys some snacks and books with it.

He does not waste his money.

He keeps the change in his wallet.

But he wants to use a credit card.

Because it looks cool!

---

1. 이야기의 순서대로 그림 아래에 1 ~ 4의 숫자를 써넣으세요.

2. Where does Tim keep the change?

➡ He keeps it _____ _____ _____ .

A 다음 사진에 해당하는 영어 단어를 고르세요.

1

[court / track]

2

[shoot / bounce]

3

[hit / kick]

4

[give / get]

5

[counter / credit card]

6

[marathon / allowance]

B 다음 영어 단어와 우리말 뜻을 선으로 연결하세요.

1	race •	• 건네주다, 지나가다
2	change •	• 놓다, 두다
3	score •	• 경주; 경주하다
4	save •	• 거스름돈; 바꾸다
5	roll •	• 득점하다; 점수
6	put •	• 저축하다, 구하다
7	pass •	• 굴리다, 구르다

C 다음 사진에 해당하는 영어 단어를 보기 에서 골라 쓰세요.

보기

wallet	coin	catch	bend
throw	bill	counter	win

1

2

3

4

5

6

7

8

D 다음 우리말을 영어로 옮길 때, 빈칸에 알맞은 말을 보기 에서 골라 쓰세요.

보기

waste	lend	borrow	pay	buy

1 내가 당신의 책을 빌릴 수 있을까요?　→ Can I .... your book?

2 나는 그녀의 생일에 지갑을 사줍니다.　→ I .... her a wallet for her birthday.

3 나에게 그 돈을 빌려줄 수 있나요?　→ Can you .... me the money?

4 옷에 돈을 낭비하지 마세요.　→ Do not .... money on clothes.

5 신용 카드로 지불해도 될까요?　→ Can I .... with a credit card?

Quick Check

정답 및 해석 >> p46

● Day 10에서 학습한 단어들을 듣고 쓴 후, 그 단어의 우리말 뜻을 쓰세요.

1 _____ ➜ _____

2 _____ ➜ _____

3 _____ ➜ _____

4 _____ ➜ _____

5 _____ ➜ _____

6 _____ ➜ _____

7 _____ ➜ _____

8 _____ ➜ _____

9 _____ ➜ _____

10 _____ ➜ _____

✍ 틀린 단어 써보기

_____

_____

DAY 11

Time (1) 시간 (1)

듣고 따라하기

다음은 Day 11에서 공부할 10개의 단어입니다. 모든 단어는 세 번씩 읽어줍니다.
단어 아래 표기된 ①, ②, ③에 ✔ 표시하며 큰 소리로 따라하세요.

0401	0402	0403
now 지금, 이제	**next** 다음의	**ago** (시간) 전에

0404	0405	0406	0407
hour 시간, 1시간	**minute** 분	**clock** 시계	**o'clock** ~시 (정각)

0408	0409	0410
past 과거	**present** 현재, 지금, 선물	**future** 미래

보기

| now | ago | minute | o'clock | present |
| next | hour | clock | past | future |

A 들려주는 영어 단어를 보기에서 찾아 쓰고, 단어에 알맞은 사진을 연결하세요.

1 _____

2 _____

3 _____

4 _____

•

•

•

•

•

•

•

•

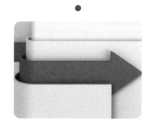

B 들려주는 영어 단어를 보기에서 찾아 쓰고, 괄호 안에서 알맞은 뜻을 고르세요.

1

(이제 / 전에)

2

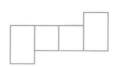

(현재 / 과거)

3

(지금 / 전에)

4

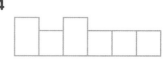

(선물 / 미래)

5

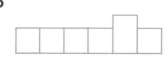

(1시간 / 분)

6

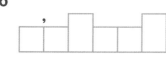

(~시 (정각) / 시계)

C 다음 우리말 뜻에 알맞은 영어 단어를 완성하세요.

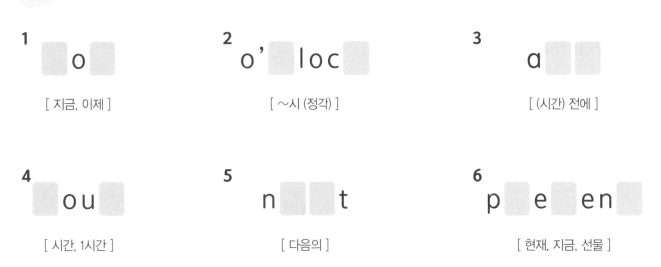

1 □ o □

[지금, 이제]

2 o ' □ loc □

[~시 (정각)]

3 a □ □

[(시간) 전에]

4 □ o u □

[시간, 1시간]

5 n □ □ t

[다음의]

6 p □ e □ e n □

[현재, 지금, 선물]

D 다음의 사다리를 따라간 후, 우리말에 해당하는 영어 단어를 쓰세요.

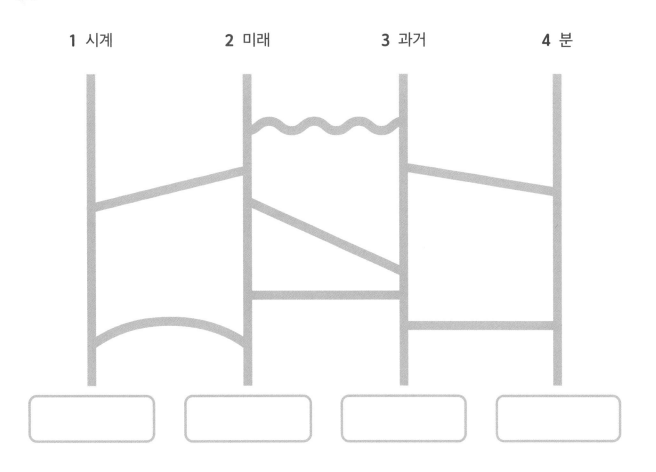

1 시계   2 미래   3 과거   4 분

E 다음을 듣고 빈칸을 채워 문장을 완성한 후, 큰 소리로 따라하세요.

1 What are you writing [   ] ?

당신은 지금 무엇을 집필하고 있습니까?

2 The story is about people and their jobs in the [   ],

[   ] , and [   ] .

그 이야기는 과거, 현재, 그리고 미래의 사람들과 그들의 직업에 대한 것입니다.

3 I started writing the story one year [   ] .

나는 1년 전에 그 이야기를 쓰기 시작했습니다.

4 People can read the book [   ] year.

사람들은 내년에 그 책을 읽을 수 있습니다.

Expressions

- write : 쓰다
- about : ~에 대한
- start -ing : ~하는 것을 시작하다
- can ~ : ~할 수 있다

F 다음 글을 읽고, 물음에 답하세요. 2번은 글에 쓰인 표현을 사용해 답하세요.

An Interview with a Writer

Kate Hello, Karl. What are you writing now?

Karl I am writing a story about time.

The story is about people and their jobs

in the past, present, and future.

I started writing the story one year ago.

Kate It will be fun.

Karl Thank you. People can read it next year.

I hope people like my story.

Kate Wow! I wish you good luck!

Karl Thank you, Kate. I will do my best.

1. 다음 내용을 읽고, 윗글의 내용과 일치하면 T를, 일치하지 않으면 F를 쓰세요.

a. The writer is writing a story about time.	
b. The writer started writing the story one year ago.	
c. People can read the story this year.	

2. What is the writer writing?

➡ The writer is writing a story about _____ and _____ _____

_____ _____ _____ , _____ , and _____ .

Quick Check

정답 및 해석 >> p47

● Day 11에서 학습한 단어들을 듣고 쓴 후, 그 단어의 우리말 뜻을 쓰세요.

1 _____ → _____

2 _____ → _____

3 _____ → _____

4 _____ → _____

5 _____ → _____

6 _____ → _____

7 _____ → _____

8 _____ → _____

9 _____ → _____

10 _____ → _____

✏️ 틀린 단어 써보기

_____

_____

DAY 12

Time (2) 시간 (2)

Step > 1 들고 따라하기

다음은 Day 12에서 공부할 10개의 단어입니다. 모든 단어는 세 번씩 읽어줍니다.
단어 아래 표기된 ❶, ❷, ❸에 ✓ 표시하며 큰 소리로 따라하세요.

0411	0412	0413
sunrise	**noon**	**sunset**
동틀 녘, 일출	한낮, 낮 12시	해 질 녘, 일몰
		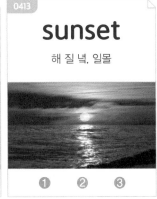
✓ ❷ ❸	❶ ❷ ❸	❶ ❷ ❸

💡**TIPS** for는 숫자로 구체적 기간을 말할 때, during은 행사나 사건의 진행 기간을 말할 때 써요.

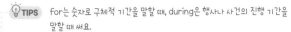

0414	0415	0416
tonight	**for**	**during**
오늘 밤; 오늘 밤에	~ 동안, ~를 위해	~ 동안 (내내)

❶ ❷ ❸	❶ ❷ ❸	❶ ❷ ❸

0417	0418	0419	0420
new	**old**	**slow**	**soon**
새로운	옛날의	느린; 느리게	곧

❶ ❷ ❸	❶ ❷ ❸	❶ ❷ ❸	❶ ❷ ❸

sunrise	sunset	for	new	slow
noon	tonight	during	old	soon

A 들려주는 영어 단어를 [보기]에서 찾아 쓰고, 단어에 알맞은 사진을 연결하세요.

1 _____ 2 _____ 3 _____ 4 _____

• • • •

• • • •

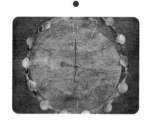   

B 들려주는 영어 단어를 [보기]에서 찾아 쓰고, 괄호 안에서 알맞은 뜻을 고르세요.

1

(곧 / 일출)

2

(오늘 밤 / ~ 동안)

3

(동틀 녘 / 해 질 녘)

4

(느린 / 새로운)

5

(~를 위해 / 곧)

6

(일몰 / 오늘 밤에)

C 다음 우리말 뜻에 알맞은 영어 단어를 완성하세요.

1 ☐ e ☐

[새로운]

2 ☐ un ☐ i ☐ e

[동틀 녘, 일출]

3 t ☐ ni ☐☐ t

[오늘 밤; 오늘 밤에]

4 n ☐ o ☐

[한낮, 낮 12시]

5 ☐☐☐ ing

[~동안 (내내)]

6 s ☐ o ☐

[느린; 느리게]

D 다음의 사다리를 따라간 후, 우리말에 해당하는 영어 단어를 쓰세요.

1 곧   **2** 옛날의   **3** ~ 동안, ~를 위해   **4** 해 질 녘, 일몰

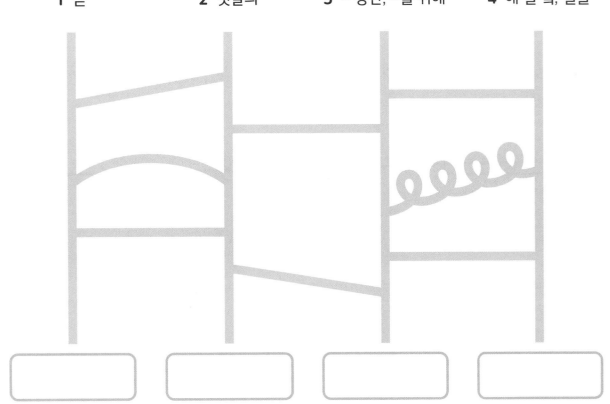

E 다음을 듣고 빈칸을 채워 문장을 완성한 후, 큰 소리로 따라하세요.

1 I get up at ⬚.

나는 동틀 녘에 일어납니다.

2 I read a book at my desk ⬚ 2 hours in the morning.

나는 오전에 책상에서 2시간 동안 책을 읽습니다.

3 At ⬚, I go to the park and take a walk.

낮 12시에, 나는 공원에 가서 산책을 합니다.

4 I can see many ⬚ trees.

나는 많은 오래된 나무들을 볼 수 있습니다.

5 Some park staff are planting ⬚ plants.

몇 명의 공원 직원들이 새로운 식물들을 심고 있습니다.

6 I can see people and their dogs ⬚ my lunchtime.

나는 점심시간 동안 사람들과 그들의 개를 볼 수 있습니다.

7 The ⬚ of the evening is so good.

저녁의 일몰이 정말 멋집니다.

📝 **Expressions**
- park : 공원
- take a walk : 산책하다
- see : 보다
- lunchtime : 점심시간

F 다음 글을 읽고, 물음에 답하세요. 2번은 글에 쓰인 표현을 사용해 답하세요.

My Reading Day

Today is my reading day. I get up at sunrise.

I read a book at my desk for 2 hours in the morning.

At noon, I go to the park and take a walk.

I can see many old trees.

Some park staff are planting new plants.

I have lunch at the park.

I can see people and their dogs during my lunchtime.

After lunch, I read a book for 2 hours.

It is time to go home.

The sunset of the evening is so good.

1. 이야기의 순서대로 그림 아래에 1 ~ 4의 숫자를 써넣으세요.

2. What are some park staff doing in the park?

➡ They _____ _____ _____ _____ .

Quick Check

정답 및 해석 >> p48

● Day 12에서 학습한 단어들을 듣고 쓴 후, 그 단어의 우리말 뜻을 쓰세요.

1   ➡

2   ➡

3   ➡

4   ➡

5   ➡

6   ➡

7   ➡

8   ➡

9   ➡

10   ➡

✎ 틀린 단어 써보기

DAY 13

Time (3) 시간 (3)

학습한 날 : _____ / _____

Step 1 듣고 따라하기

다음은 Day 13에서 공부할 10개의 단어입니다. 모든 단어는 세 번씩 읽어줍니다.
단어 아래 표기된 ❶, ❷, ❸에 ∨ 표시하며 큰 소리로 따라하세요.

0421
arrive
도착하다

✓ ❷ ❸

0422
begin
시작하다

❶ ❷ ❸

0423
wait
기다리다

❶ ❷ ❸

0424
after
~ 후에

❶ ❷ ❸

0425
before
~ 전에

❶ ❷ ❸

0426
early
이른; 일찍

❶ ❷ ❸

0427
late
늦은; 늦게

❶ ❷ ❸

0428
just
방금, 단지

❶ ❷ ❸

0429
ahead
미리, 앞서, 앞으로

❶ ❷ ❸

0430
gap
차이, 간격

❶ ❷ ❸

보기

| arrive | wait | before | late | ahead |
| begin | after | before | early | just | gap |

A 들려주는 영어 단어를 보기에서 찾아 쓰고, 단어에 알맞은 사진을 연결하세요.

1 _____ 2 _____ 3 _____ 4 _____

• • • •

• • • •

B 들려주는 영어 단어를 보기에서 찾아 쓰고, 괄호 안에서 알맞은 뜻을 고르세요.

1

(～ 전에 / 늦게)

2

(단지 / 미리)

3

(시작하다 / 기다리다)

4

(늦게 / 이른; 일찍)

5

(방금, 단지 / ～ 후에)

6

(미리 / ～ 후에)

C 다음 우리말 뜻에 알맞은 영어 단어를 완성하세요.

1
e ▢ ▢ l y
[이른; 일찍]

2
g ▢ ▢
[차이, 간격]

3
▢ e ▢ o ▢ e
[~ 전에]

4
a ▢ ▢ e r
[~ 후에]

5
▢ u ▢ t
[방금, 단지]

6
▢ e ▢ i ▢
[시작하다]

D 다음의 사다리를 따라간 후, 우리말에 해당하는 영어 단어를 쓰세요.

1 도착하다 **2** 미리, 앞서 **3** 이른; 일찍 **4** 기다리다

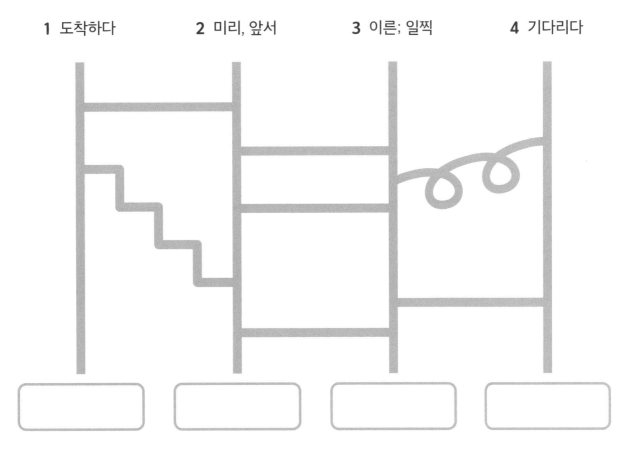

E 다음을 듣고 빈칸을 채워 문장을 완성한 후, 큰 소리로 따라하세요.

1 When do you ⬚ ?

당신은 언제 도착합니까?

2 School ⬚ in 10 minutes.

수업은 10분 안에 시작합니다.

3 I got up ⬚ in the morning.

나는 아침에 늦게 일어났습니다.

4 I can't arrive ⬚ school begins.

나는 수업이 시작하기 전에 도착할 수 없습니다.

5 Do not ⬚ for me. Go ⬚ .

나를 기다리지 마세요. 먼저 가세요.

📝 **Expressions**

• **got up** : get up(일어나다)의 과거형

• **can't ~** : ~할 수 없다

• **wait for ~** : ~를 기다리다

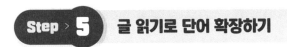
F 다음 글을 읽고, 물음에 답하세요. 2번은 글에 쓰인 표현을 사용해 답하세요.

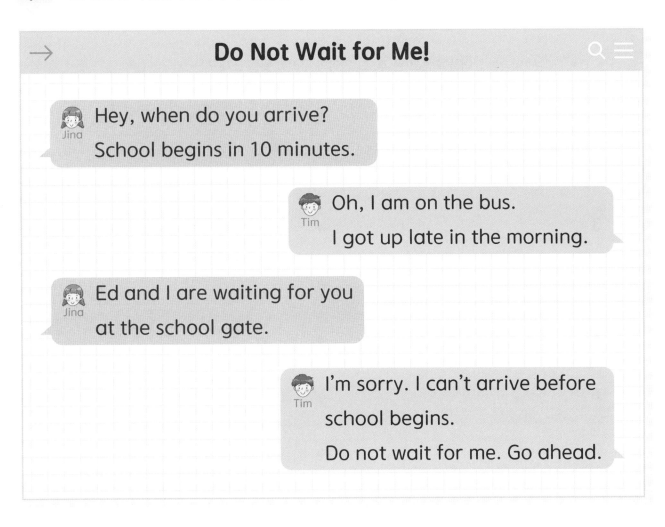

Do Not Wait for Me!

Jina: Hey, when do you arrive?
School begins in 10 minutes.

Tim: Oh, I am on the bus.
I got up late in the morning.

Jina: Ed and I are waiting for you at the school gate.

Tim: I'm sorry. I can't arrive before school begins.
Do not wait for me. Go ahead.

1. 다음을 읽고, 윗글의 내용과 일치하면 T를, 일치하지 않으면 F를 쓰세요.

a. The class will begin in 10 minutes.	
b. Ed is waiting for Jina at the school gate.	
c. Tim is at home now.	

2. Why is Tim late for school?

➡ Because he _____ in the morning.

정답 및 해석 >> p49

Quick Check

● Day 13에서 학습한 단어들을 듣고 쓴 후, 그 단어의 우리말 뜻을 쓰세요.

1   →

2   →

3   →

4   →

5   →

6   →

7   →

8   →

9   →

10   →

✎ 틀린 단어 써보기

DAY 14 Positions (1) 위치 (1)

듣고 따라하기

다음은 Day 14에서 공부할 10개의 단어입니다. 모든 단어는 세 번씩 읽어줍니다.
단어 아래 표기된 ❶, ❷, ❸에 ✔ 표시하며 큰 소리로 따라하세요.

0431 **front** 앞쪽	0432 **behind** ~ 뒤에	0433 **under** ~ 아래에

① ② ③   ① ② ③   ① ② ③

0434 **top** 꼭대기	0435 **below** ~보다 아래에	0436 **above** ~보다 위에

① ② ③   ① ② ③   ① ② ③

0437 **between** (둘) 사이에	0438 **among** (셋 이상) 사이에	0439 **beside** ~ 옆에	0440 **around** ~ 둘레에, ~ 주위에

① ② ③   ① ② ③   ① ② ③   ① ② ③

front	under	below	between	beside
behind	top	above	among	around

A 들려주는 영어 단어를 보기 에서 찾아 쓰고, 단어에 알맞은 사진을 연결하세요.

1 _____   2 _____   3 _____   4 _____

•　　　　　•　　　　　•　　　　　•

•　　　　　•　　　　　•　　　　　•

B 들려주는 영어 단어를 보기 에서 찾아 쓰고, 괄호 안에서 알맞은 뜻을 고르세요.

1

(~ 옆에 / ~보다 아래에)

2

(~ 둘레에 / ~보다 위에)

3

((셋 이상) 사이에 / (둘) 사이에)

4

((셋 이상) 사이에 / ~보다 아래에)

5

((둘) 사이에 / ~ 뒤에)

6

(앞쪽 / 꼭대기)

C   다음 우리말 뜻에 알맞은 영어 단어를 완성하세요.

1
n er

[~ 아래에]

2
a on

[(셋 이상) 사이에]

3
be o

[~보다 아래에]

4
b t ee

[(둘) 사이에]

5
e ind

[~ 뒤에]

6
a o e

[~보다 위에]

D   다음의 사다리를 따라간 후, 우리말에 해당하는 영어 단어를 쓰세요.

1 앞쪽   2 꼭대기   3 ~ 둘레에, ~ 주위에   4 ~ 옆에

E 다음을 듣고 빈칸을 채워 문장을 완성한 후, 큰 소리로 따라하세요.

1 Is she ☐ the sofa in the living room?

그녀는 거실의 소파 뒤에 있습니까?

2 Is she ☐ the table in the kitchen?

그녀는 부엌의 식탁 아래 있습니까?

3 Is she in ☐ of the mirror in the bathroom?

그녀는 화장실의 거울 앞에 있습니까?

4 Is she ☐ the two beds in the bedroom?

그녀는 침실의 두 침대 사이에 있습니까?

5 She is ☐ the bushes in the garden.

그녀는 정원의 덤불 사이에 있습니다.

📝 **Expressions**

• bush : 덤불

F 다음 글을 읽고, 물음에 답하세요. 2번은 글에 쓰인 표현을 사용해 답하세요.

Where Is My Sister?

Five, four, three, two, one. Here I come.

Is she behind the sofa in the living room? No.

Is she under the table in the kitchen? No.

Is she in front of the mirror in the bathroom? No.

Is she between the two beds in the bedroom?
No.

Let's go to the garden.

Oh, now I can see her.

She is among the bushes in the garden!

1. 이야기의 순서대로 그림 아래에 1 ~ 4의 숫자를 써넣으세요.

2. Where can I see my sister?

➡ I can see her _____ _____ _____ in the garden.

정답 및 해석 >> p50

Quick Check

● Day 14에서 학습한 단어들을 듣고 쓴 후, 그 단어의 우리말 뜻을 쓰세요.

1   →

2   →

3   →

4   →

5   →

6   →

7   →

8   →

9   →

10   →

✎ 틀린 단어 써보기

Positions (2) 위치 (2)

학습한 날: _____ / _____

Step 1 듣고 따라하기

다음은 Day 15에서 공부할 10개의 단어입니다. 모든 단어는 세 번씩 읽어줍니다.

단어 아래 표기된 ❶, ❷, ❸에 ✔ 표시하며 큰 소리로 따라하세요.

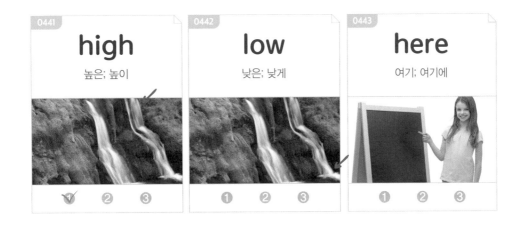

0441	0442	0443
high 높은; 높이	**low** 낮은; 낮게	**here** 여기; 여기에
✔ ❷ ❸	❶ ❷ ❸	❶ ❷ ❸

💡 **TIPS** middle, center는 비슷한 뜻이지만 center가 좀더 정확한 위치를 말해요.

0444	0445	0446	0447
there 거기; 거기에	**middle** 한가운데, 중앙	**center** 한가운데, 중심	**far** 멀리 떨어진; 멀리
❶ ❷ ❸	❶ ❷ ❸	❶ ❷ ❸	❶ ❷ ❸

0448	0449	0450
away 떨어져	**over** 너머, 건너; ~ 위에	**end** 끝; 끝내다
❶ ❷ ❸	❶ ❷ ❸	❶ ❷ ❸

보기

high	here	middle	far	over
low	there	center	away	end

A 들려주는 영어 단어를 보기 에서 찾아 쓰고, 단어에 알맞은 사진을 연결하세요.

1 _____   2 _____   3 _____   4 _____

•   •   •   •

•   •   •   •

B 들려주는 영어 단어를 보기 에서 찾아 쓰고, 괄호 안에서 알맞은 뜻을 고르세요.

1

(떨어져 / 끝내다)

2

(멀리 / 거기에)

3

(떨어져 / 너머, 건너)

4

(여기에 / 거기에)

5

(끝 / 중심)

6

(낮은; 낮게 / 높이)

C 다음 우리말 뜻에 알맞은 영어 단어를 완성하세요.

1
ce ☐ ☐ er

[한가운데, 중심]

2
l ☐ ☐

[낮은; 낮게]

3
t ☐ e ☐ e

[거기; 거기에]

4
mi ☐ ☐ ☐ e

[한가운데, 중앙]

5
☐ ☐ r

[멀리 떨어진; 멀리]

6
o ☐ e ☐

[너머, 건너; ~ 위에]

D 다음의 사다리를 따라간 후, 우리말에 해당하는 영어 단어를 쓰세요.

1 떨어져　　　　　**2** 끝; 끝내다　　　　　**3** 여기; 여기에　　　　　**4** 높은; 높이

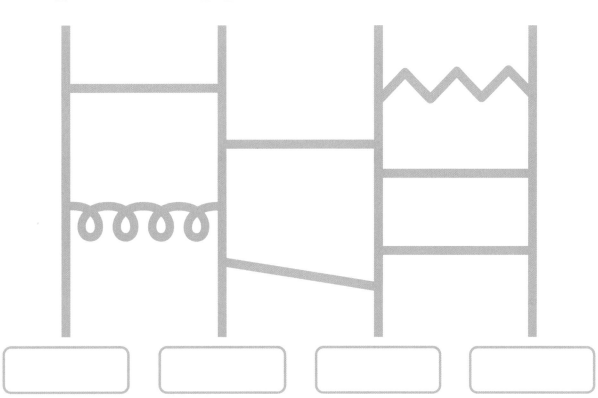

E 다음을 듣고 빈칸을 채워 문장을 완성한 후, 큰 소리로 따라하세요.

1 The park is not ☐ ☐ from my house.

공원은 나의 집에서 멀리 떨어져 있지 않습니다.

2 The sun is ☐ in the sky.

해는 하늘에 낮게 떠 있습니다.

3 A balloon is flying ☐ up into the sky.

풍선 하나가 하늘로 높이 날아오르고 있습니다.

4 A bird is flying ☐ my head.

새 한 마리가 내 머리 위를 날고 있습니다.

5 Kids are running around ☐ and ☐.

아이들이 여기저기 뛰어다니고 있습니다.

6 In the ☐ of the park, there is a blue lake.

공원의 중심에 파란 호수가 있습니다.

7 In the ☐ of the lake, there is a tree.

호수 가운데에 나무 한 그루가 있습니다.

📝 **Expressions**
- fly up : 위쪽으로 날다
- around : 이리저리, ~ 둘레에
- lake : 호수

F 다음 글을 읽고, 물음에 답하세요. 2번은 글에 쓰인 표현을 사용해 답하세요.

In the Park on Sunday

It is Sunday morning and I walk in the park.

It is not far away from my house.

I go there every Sunday.

The sun is low in the sky.

A balloon is flying high up into the sky.

A bird is flying over my head.

Kids are running around here and there.

In the center of the park, there is a blue lake.

And in the middle of the lake, there is a tree.

1. 이야기의 순서대로 그림 아래에 1 ~ 4의 숫자를 써넣으세요.

2. Where is the lake?

➡ It is ＿＿＿＿＿ ＿＿＿＿＿ ＿＿＿＿＿ ＿＿＿＿＿ the park.

Review

A 다음 사진에 해당하는 영어 단어를 고르세요.

1

[below / behind]

2

[among / between]

3

[beside / under]

4

[there / here]

5

[end / just]

6

[new / old]

B 다음 영어 단어와 우리말 뜻을 선으로 연결하세요.

1	ahead		~ 둘레에, ~ 주위에
2	gap		미리, 앞서
3	minute		느린; 느리게
4	away		분
5	past		차이, 간격
6	around		과거
7	slow		떨어져

C 다음 사진에 해당하는 영어 단어를 보기 에서 골라 쓰세요.

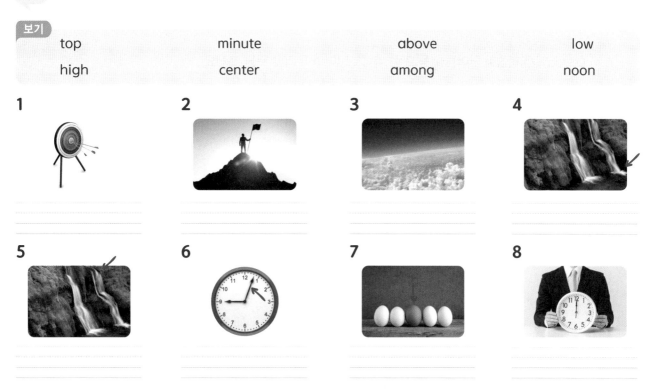

보기

| top | minute | above | low |
| high | center | among | noon |

1

_____

2

_____

3

_____

4

_____

5

_____

6

_____

7

_____

8

_____

D 다음 우리말을 영어로 옮길 때, 빈칸에 알맞은 말을 보기 에서 골라 쓰세요.

보기

| soon | wait | late | early | arrive |

1 나는 여기서 당신을 기다릴 것입니다. ➡ I will _____ for you here.

2 그가 곧 여기에 올 겁니다. ➡ He will come here _____.

3 그녀는 수업에 늦었습니다. ➡ She was _____ for the class.

4 기차는 언제 도착합니까? ➡ When does the train _____?

5 나는 아침에 일찍 일어납니다. ➡ I get up _____ in the morning.

Quick Check

정답 및 해석 >> p52

● Day 15에서 학습한 단어들을 듣고 쓴 후, 그 단어의 우리말 뜻을 쓰세요.

1   →

2   →

3   →

4   →

5   →

6   →

7   →

8   →

9   →

10   →

✎ 틀린 단어 써보기

DAY 16

Days and Holidays (1)
요일과 명절 (1)

 Step 1 듣고 따라하기

다음은 Day 16에서 공부할 10개의 단어입니다. 모든 단어는 세 번씩 읽어줍니다.

단어 아래 표기된 ❶, ❷, ❸에 ✓ 표시하며 큰 소리로 따라하세요.

0451 **Monday**
월요일

0452 **Tuesday**
화요일

0453 **Wednesday**
수요일

0454 **Thursday**
목요일

0455 **Friday**
금요일

0456 **Saturday**
토요일

0457 **Sunday**
일요일

0458 **yesterday**
어제

0459 **today**
오늘

0460 **tomorrow**
내일

보기

| Monday | Wednesday | Friday | Sunday | today |
| Tuesday | Thursday | Saturday | yesterday | tomorrow |

A 들려주는 영어 단어를 보기 에서 찾아 쓰고, 단어에 알맞은 사진을 연결하세요.

1 _____   2 _____   3 _____   4 _____

•   •   •   •

•   •   •   •

B 들려주는 영어 단어를 보기 에서 찾아 쓰고, 괄호 안에서 알맞은 뜻을 고르세요.

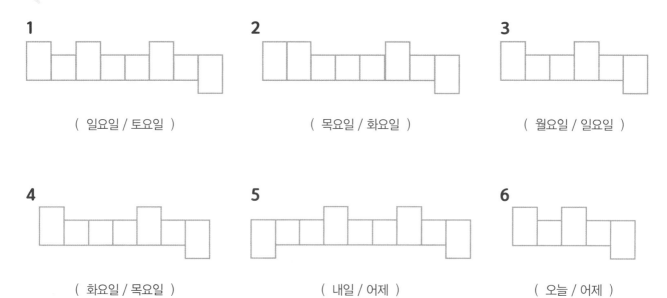

1   (일요일 / 토요일)

2   (목요일 / 화요일)

3   (월요일 / 일요일)

4   (화요일 / 목요일)

5   (내일 / 어제)

6   (오늘 / 어제)

C 다음 우리말 뜻에 알맞은 영어 단어를 완성하세요.

1
  u ay

[일요일]

2
T es y

[화요일]

3
  ri ay

[금요일]

4
ye te ay

[어제]

5
We ne ay

[수요일]

6
 hu day

[목요일]

D 다음의 사다리를 따라간 후, 우리말에 해당하는 영어 단어를 쓰세요.

1 월요일   **2** 오늘   **3** 내일   **4** 토요일

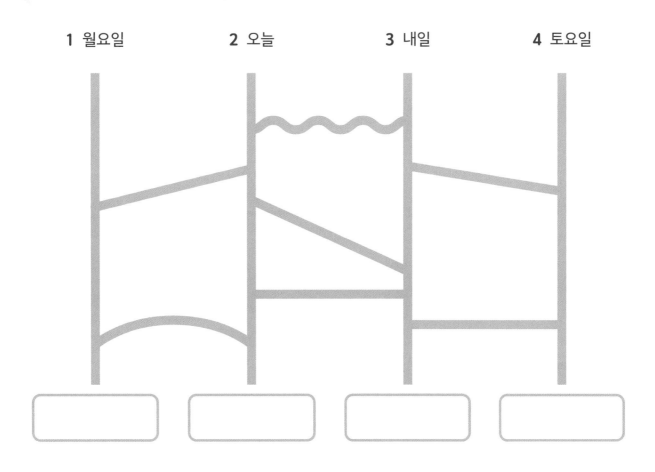

E 다음을 듣고 빈칸을 채워 문장을 완성한 후, 큰 소리로 따라하세요.

1 What do you do on [   ] and [   ]?

당신은 월요일과 화요일마다 무엇을 합니까?

2 What do you do on [   ] and [   ]?

당신은 수요일과 목요일마다 무엇을 합니까?

3 What do you do on [   ]?

당신은 금요일마다 무엇을 합니까?

4 What do you do on [   ]?

당신은 토요일마다 무엇을 합니까?

5 What will you do [   ]?

당신은 내일 무엇을 할 것입니까?

📝 **Expressions**

· do : 하다
· will : ~일[할] 것이다

F   다음 글을 읽고, 물음에 답하세요. 2번은 글에 쓰인 표현을 사용해 답하세요.

What Do You Do Every Day, Ed?

What do you do on Mondays and Tuesdays?

I take a walk with my dog in the park.

What do you do on Wednesdays and Thursdays?

I cook and read books with my mom.

What do you do on Fridays?

I study English and math with my dad.

What do you do on Saturdays?

I clean my room and water the plants.

What will you do tomorrow?

I will play soccer with my friends!

1. 이야기의 순서대로 그림 아래에 1 ~ 4의 숫자를 써넣으세요.

2. What does Ed do on Wednesdays and Thursdays?

➡ He _____ and _____ with his mom.

Quick Check

정답 및 해석 >> p53

● Day 16에서 학습한 단어들을 듣고 쓴 후, 그 단어의 우리말 뜻을 쓰세요.

1 _____ ➡ _____

2 _____ ➡ _____

3 _____ ➡ _____

4 _____ ➡ _____

5 _____ ➡ _____

6 _____ ➡ _____

7 _____ ➡ _____

8 _____ ➡ _____

9 _____ ➡ _____

10 _____ ➡ _____

✍ 틀린 단어 써보기

DAY 17

Days and Holidays (2)
요일과 명절 (2)

Step > 1 듣고 따라하기

다음은 Day 17에서 공부할 10개의 단어입니다. 모든 단어는 세 번씩 읽어줍니다.

단어 아래 표기된 ❶, ❷, ❸에 ✔ 표시하며 큰 소리로 따라하세요.

0461 **date** (특정한) 날짜  ✔ ❷ ❸	0462 **week** 일주일  ❶ ❷ ❸	0463 **weekday** 평일  ❶ ❷ ❸

💡 **TIPS** 명절, 기념일 등을 나타내는 이름은 대문자로 시작해요.

0464 **weekend** 주말  ❶ ❷ ❸	0465 **birthday** 생일  ❶ ❷ ❸	0466 **New Year** 새해  ❶ ❷ ❸	0467 **Christmas** 크리스마스  ❶ ❷ ❸

0468 **Easter** 부활절  ❶ ❷ ❸	0469 **Thanksgiving** 추수감사절  ❶ ❷ ❸	0470 **Halloween** 핼러윈  ❶ ❷ ❸

보기

date	weekday	birthday	Christmas	Thanksgiving
week	weekend	New Year	Easter	Halloween

A 들려주는 영어 단어를 (보기)에서 찾아 쓰고, 단어에 알맞은 사진을 연결하세요.

1 _____

2 _____

3 _____

4 _____

• • • •

• • • •

B 들려주는 영어 단어를 (보기)에서 찾아 쓰고, 괄호 안에서 알맞은 뜻을 고르세요.

1

(평일 / 주말)

2

(핼러윈 / 크리스마스)

3

(일주일 / 평일)

4

(날짜 / 생일)

5

(부활절 / 추수감사절)

6

(일주일 / 주말)

C 다음 우리말 뜻에 알맞은 영어 단어를 완성하세요.

1

N ☐ w Ye ☐ ☐

[새해]

2

Ha ☐ ☐ o ☐ een

[핼러윈]

3

☐ ee ☐ e ☐ d

[주말]

4

C ☐ ris ☐ ma ☐

[크리스마스]

5

T ☐ an ☐ s ☐ ivi ☐ g

[추수감사절]

6

☐ ee ☐

[일주일]

D 다음의 사다리를 따라간 후, 우리말에 해당하는 영어 단어를 쓰세요.

1 평일   **2** 생일   **3** 부활절   **4** (특정한) 날짜

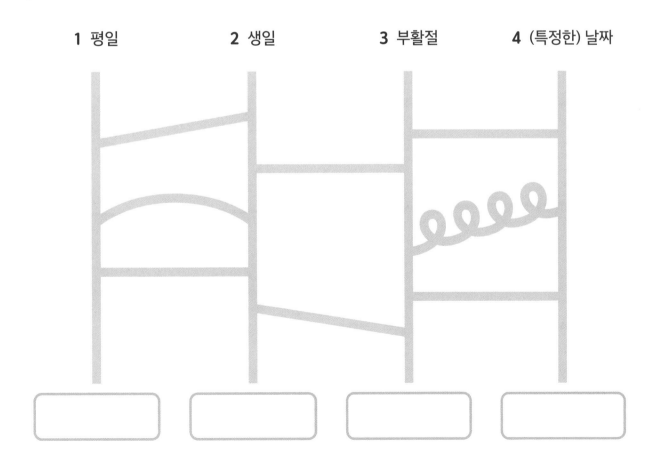

E 다음을 듣고 빈칸을 채워 문장을 완성한 후, 큰 소리로 따라하세요.

1 [ ] parties are fun.

핼러윈 파티는 재미있습니다.

2 From [ ] Day to [ ]'s Day is the holiday
[ ].

크리스마스날부터 설날까지 연휴 주간입니다.

3 People have a [ ] tree in their house.

사람들은 그들의 집에 크리스마스 나무를 가집니다.

4 The [ ] of [ ] is not the same every year.

부활절의 날짜는 매년 같지 않습니다.

5 The date can be a [ ] or a [ ].

그 날짜는 평일일 수도 있고 주말일 수도 있습니다.

📝 **Expressions**

- **from A to B** : A에서부터 B까지
- **holiday** : 휴일, 명절
- **same** : (똑)같은
- **every year** : 매년

F 다음 글을 읽고, 물음에 답하세요. 2번은 글에 쓰인 표현을 사용해 답하세요.

Holidays in America

Halloween Halloween parties are fun.

There are black spider cakes and bat cookies.

There are orange pumpkins.

Christmas   From Christmas Day to New Year's Day is the

holiday week.

People have a Christmas tree in their house.

They give presents to their family and friends.

The presents are under the Christmas tree.

Easter The date of Easter is not the same every year.

It can be a weekday or a weekend.

People paint eggs with many colors.

They give them to their family and friends.

1. 다음을 읽고, 윗글의 내용과 일치하면 T를, 일치하지 않으면 F를 쓰세요.

a. People give presents to their family at Christmas.	
b. The date of Easter can't be a weekend.	
c. We can eat bat cookies at Easter.	

2. What do people have in their house for Christmas Day?

➡ They have _____ _____ _____ in their house.

Quick Check

정답 및 해석 >> p54

● Day 17에서 학습한 단어들을 듣고 쓴 후, 그 단어의 우리말 뜻을 쓰세요.

1   →

2   →

3   →

4   →

5   →

6   →

7   →

8   →

9   →

10   →

✏️ 틀린 단어 써보기

DAY 18

Weather (1) 날씨 (1)

 Step > 1 듣고 따라하기

다음은 Day 18에서 공부할 10개의 단어입니다. 모든 단어는 세 번씩 읽어줍니다.
단어 아래 표기된 ❶, ❷, ❸에 ✓ 표시하며 큰 소리로 따라하세요.

0471
forecast
(날씨) 예보

✓ ❷ ❸

0472
chance
가능성, 기회

❶ ❷ ❸

0473
sunny
화창한

❶ ❷ ❸

0474
clear
맑은

❶ ❷ ❸

0475
cloudy
흐린, 구름이 잔뜩 낀

❶ ❷ ❸

0476
foggy
안개가 낀

❶ ❷ ❸

0477
rainy
비가 많이 오는

❶ ❷ ❸

0478
snowy
눈이 많이 내리는

❶ ❷ ❸

0479
windy
바람이 많이 부는

❶ ❷ ❸

0480
stormy
폭풍우가 몰아치는

❶ ❷ ❸

| forecast | sunny | cloudy | rainy | windy |
| chance | clear | foggy | snowy | stormy |

A 들려주는 영어 단어를 보기 에서 찾아 쓰고, 단어에 알맞은 사진을 연결하세요.

1 _____ 2 _____ 3 _____ 4 _____

• • • •

• • • •

B 들려주는 영어 단어를 보기 에서 찾아 쓰고, 괄호 안에서 알맞은 뜻을 고르세요.

1
(가능성 / (날씨) 예보)

2
(폭풍우가 몰아치는 / 바람이 많이 부는)

3
(맑은 / 흐린)

4
(비가 많이 오는 / 폭풍우가 몰아치는)

5
(안개가 낀 / 구름이 잔뜩 낀)

6
(기회 / (날씨) 예보)

C 다음 우리말 뜻에 알맞은 영어 단어를 완성하세요.

1
s ☐ o ☐ y

[눈이 많이 내리는]

2
☐ in ☐ y

[바람이 많이 부는]

3
c ☐ ou ☐ ☐

[흐린, 구름이 잔뜩 낀]

4
☐ u ☐ n y

[화창한]

5
r ☐ i ☐ y

[비가 많이 오는]

6
s ☐ o ☐ ☐ y

[폭풍우가 몰아치는]

D 다음의 사다리를 따라간 후, 우리말에 해당하는 영어 단어를 쓰세요.

1 (날씨) 예보   **2** 가능성, 기회   **3** 맑은   **4** 안개가 낀

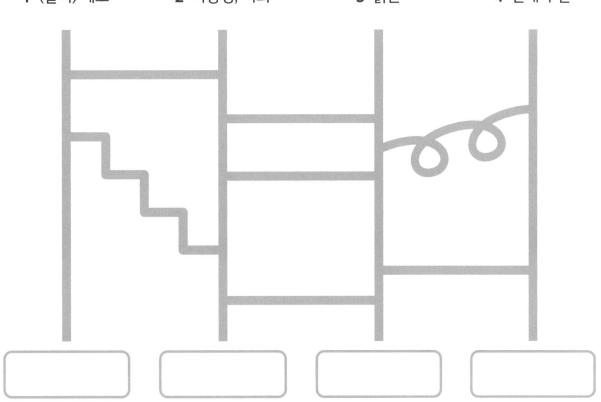

E 다음을 듣고 빈칸을 채워 문장을 완성한 후, 큰 소리로 따라하세요.

1 This is the weather [ ] for Seoul.

서울의 일기예보입니다.

2 It is [ ]. You can see the [ ], blue sky.

날씨가 화창합니다. 여러분은 맑고 푸른 하늘을 볼 수 있습니다.

3 There is a [ ] of rain tonight.

오늘 밤 비가 내릴 가능성이 있습니다.

4 It is [ ] and [ ].

흐리고 안개가 낍니다.

5 You can't see the [ ] sky today.

오늘은 맑은 하늘을 볼 수 없습니다.

6 It is [ ] and [ ].

비가 오고 바람이 붑니다.

📝 **Expressions**
- weather forecast : 일기예보
- tonight : 오늘 밤

F 다음 글을 읽고, 물음에 답하세요. 2번은 글에 쓰인 표현을 사용해 답하세요.

Weather Forecast

This is the weather forecast for Seoul.

It is sunny. You can see the clear, blue sky.

But there is a chance of rain tonight.

This is the weather forecast for London.

It is cloudy and foggy.

You can't see the clear sky today.

This is the weather forecast for Mexico City.

It is rainy and windy.

You need a raincoat today.

1. 다음을 읽고, 윗글의 내용과 일치하면 T를, 일치하지 않으면 F를 쓰세요.

a. People in Seoul can have a rainy night.	
b. People in London need a raincoat today.	
c. People in Mexico City can't see the clear sky today.	

2. Why can't people in London see the clear sky today?

→ Because it is ＿＿＿＿＿ and ＿＿＿＿＿ .

Quick Check

정답 및 해석 >> p55

● Day 18에서 학습한 단어들을 듣고 쓴 후, 그 단어의 우리말 뜻을 쓰세요.

1   ➡

2   ➡

3   ➡

4   ➡

5   ➡

6   ➡

7   ➡

8   ➡

9   ➡

10   ➡

✍️ 틀린 단어 써보기

DAY 19

Weather (2) 날씨 (2)

 Step 1 듣고 따라하기

다음은 Day 19에서 공부할 10개의 단어입니다. 모든 단어는 세 번씩 읽어줍니다.
단어 아래 표기된 ❶, ❷, ❸에 ✓ 표시하며 큰 소리로 따라하세요.

0481	0482	0483
cold	**hot**	**warm**
추운, 차가운; 감기	더운, 뜨거운, 매운	따뜻한

✓ ❷ ❸	❶ ❷ ❸	❶ ❷ ❸

0484	0485	0486	0487
cool	**dry**	**snowman**	**snow**
시원한, 멋진	건조한; 말리다	눈사람	눈; 눈이 오다
	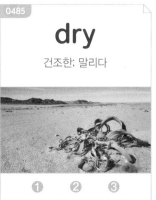		
❶ ❷ ❸	❶ ❷ ❸	❶ ❷ ❸	❶ ❷ ❸

0488	0489	0490
wind	**cover**	**blow**
바람	덮다	(바람이) 불다

❶ ❷ ❸	❶ ❷ ❸	❶ ❷ ❸

cold	warm	dry	snow	cover
hot	cool	snowman	wind	blow

A 들려주는 영어 단어를 보기 에서 찾아 쓰고, 단어에 알맞은 사진을 연결하세요.

1 _____   2 _____   3 _____   4 _____

• • • •

• • • •

B 들려주는 영어 단어를 보기 에서 찾아 쓰고, 괄호 안에서 알맞은 뜻을 고르세요.

1

(덮다 / 말리다)

2

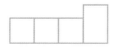

(시원한 / 바람)

3

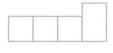

(덮다 / 바람)

4

(매운 / 따뜻한)

5

(눈사람 / 눈이 오다)

6

(더운 / 감기)

C 다음 우리말 뜻에 알맞은 영어 단어를 완성하세요.

1
d ☐ ☐

[건조한; 말리다]

2
s ☐ o ☐

[눈; 눈이 오다]

3
☐ o ☐

[더운, 뜨거운, 매운]

4
☐ o ☐ e r

[덮다]

5
s ☐ o w ☐ a ☐

[눈사람]

6
c o ☐ ☐

[추운, 차가운; 감기]

D 다음의 사다리를 따라간 후, 우리말에 해당하는 영어 단어를 쓰세요.

1 바람   **2** 따뜻한   **3** 시원한, 멋진   **4** (바람이) 불다

☐   ☐   ☐   ☐

E 다음을 듣고 빈칸을 채워 문장을 완성한 후, 큰 소리로 따라하세요.

1 It is ⬜ in spring.

봄에는 따뜻합니다.

2 It is ⬜ in summer.

여름에는 덥습니다.

3 There is not much ⬜ in summer.

여름에는 바람이 많이 불지 않습니다.

4 It is ⬜ and ⬜ in fall.

가을에는 서늘하고 건조합니다.

5 It is ⬜ and we have a lot of ⬜ in winter.

겨울에는 춥고 눈이 많이 내립니다.

6 White snow ⬜ the roofs of the houses.

하얀 눈이 집들의 지붕을 덮습니다.

📝 **Expressions**

- spring : 봄
- summer : 여름
- much : 많은
- fall : 가을
- a lot of : 많은
- winter : 겨울

F 다음 글을 읽고, 물음에 답하세요. 2번은 글에 쓰인 표현을 사용해 답하세요.

How is The Weather?

It is warm in spring.

We can see green leaves and plants.

It is hot in summer.

There is not much wind in summer.

It is cool and dry in fall.

We can see yellow and red leaves.

It is cold and we have a lot of snow in winter.

White snow covers the roofs of the houses.

1. 다음 그림과 관계 있는 날씨를 윗글에서 찾아 빈칸에 써넣으세요.

2. What can we see in spring?

➡ We can see _____ _____ and _____ .

정답 및 해석 >> p56

Quick Check

● Day 19에서 학습한 단어들을 듣고 쓴 후, 그 단어의 우리말 뜻을 쓰세요.

1 　　　　　　　　　　➡

2 　　　　　　　　　　➡

3 　　　　　　　　　　➡

4 　　　　　　　　　　➡

5 　　　　　　　　　　➡

6 　　　　　　　　　　➡

7 　　　　　　　　　　➡

8 　　　　　　　　　　➡

9 　　　　　　　　　　➡

10 　　　　　　　　　　➡

✍ 틀린 단어 써보기

DAY 20 Weather (3) 날씨 (3)

Step 1 듣고 따라하기

다음은 Day 20에서 공부할 10개의 단어입니다. 모든 단어는 세 번씩 읽어줍니다.

단어 아래 표기된 ❶, ❷, ❸에 ✔ 표시하며 큰 소리로 따라하세요.

0491
storm
폭풍우

✔ ❷ ❸

0492
thunder
천둥

❶ ❷ ❸

0493
lightning
번개

❶ ❷ ❸

💡 **TIPS** '조명'을 뜻하는 lighting과 구분하세요.

0494
rainbow
무지개

❶ ❷ ❸

0495
cloud
구름

❶ ❷ ❸

0496
drop
떨어지다, 떨어뜨리다; (액체) 방울

❶ ❷ ❸

0497
heat
더위, 열기

❶ ❷ ❸

0498
ice
얼음

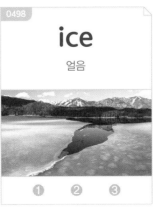

❶ ❷ ❸

0499
rain
비; 비가 오다

❶ ❷ ❸

0500
umbrella
우산

❶ ❷ ❸

---

storm	lightning	cloud	heat	rain
thunder	rainbow	drop	ice	umbrella

A 들려주는 영어 단어를 보기 에서 찾아 쓰고, 단어에 알맞은 사진을 연결하세요.

1 _____

2 _____

3 _____

4 _____

•

•

•

•

•

•

•

•

B 들려주는 영어 단어를 보기 에서 찾아 쓰고, 괄호 안에서 알맞은 뜻을 고르세요.

1

(구름 / 무지개)

2

(비가 오다 / 번개)

3

(천둥 / 폭풍우)

4

(얼음 / 더위, 열기)

5

(무지개 / 구름)

6

(천둥 / 번개)

C 다음 우리말 뜻에 알맞은 영어 단어를 완성하세요.

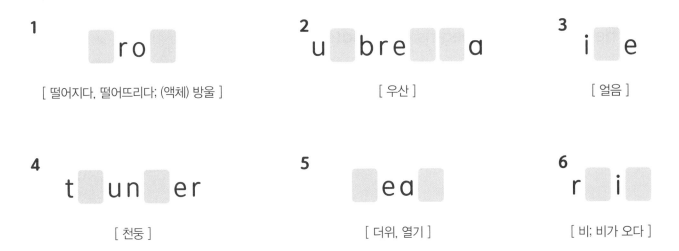

1 ▢ r o ▢
[떨어지다, 떨어뜨리다; (액체) 방울]

2 u ▢ b r e ▢ ▢ a
[우산]

3 i ▢ e
[얼음]

4 t ▢ u n ▢ e r
[천둥]

5 ▢ e a ▢
[더위, 열기]

6 r ▢ i ▢
[비; 비가 오다]

D 다음의 사다리를 따라간 후, 우리말에 해당하는 영어 단어를 쓰세요.

1 폭풍우   **2** 번개   **3** 구름   **4** 무지개

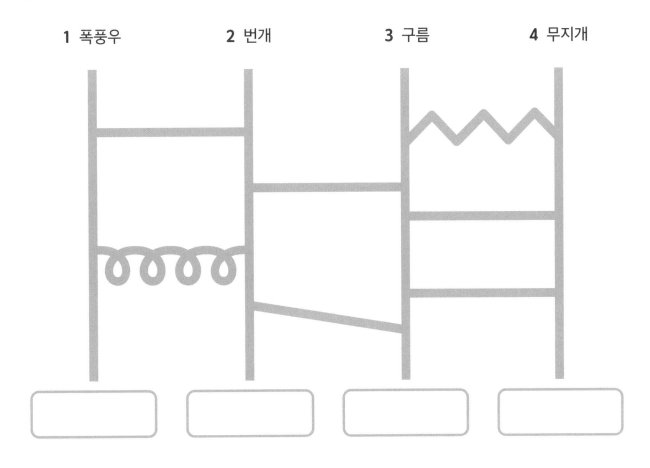

E 다음을 듣고 빈칸을 채워 문장을 완성한 후, 큰 소리로 따라하세요.

1 The ☐ begins in the late afternoon.

늦은 오후에 폭풍우가 시작됩니다.

2 There are dark ☐ in the sky.

하늘에 먹구름이 있습니다.

3 I see the ☐ and I hear the ☐ .

나는 번개를 보고 천둥소리를 듣습니다.

4 Rain ☐ from the dark clouds.

비가 먹구름에서 떨어집니다.

5 The dog looks very cold in the ☐ .

그 개는 빗속에서 매우 추워 보입니다.

6 I hold an ☐ and go out.

나는 우산을 쥐고 나갑니다.

📝 **Expressions**

- **dark** : 어두운
- **see** : 보다
- **hear** : 듣다
- **hold** : 잡다, 쥐다

F 다음 글을 읽고, 물음에 답하세요. 2번은 글에 쓰인 표현을 사용해 답하세요.

A Stormy Night

The storm begins in the late afternoon.

There are dark clouds in the sky.

I see the lightning and I hear the thunder.

Rain drops from the dark clouds.

I look out the window.

There is a dog outside.

It looks very cold in the rain.

I hold an umbrella and go out.

I take it into my house.

1. 윗글의 내용에 맞는 그림에는 T를, 맞지 않는 그림에는 F를 써넣으세요.

2. How does the dog look in the rain?

→ It _____ _____ _____ .

A 다음 사진에 해당하는 영어 단어를 고르세요.

1

[rainbow / cloud]

2

[snowy / stormy]

3
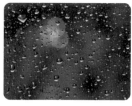
[drop / warm]

4

[clear / cloudy]

5

[blow / foggy]

6

[weekday / weekend]

B 다음 영어 단어와 우리말 뜻을 선으로 연결하세요.

1 date •   • (날씨) 예보

2 forecast •   • 화요일

3 tomorrow •   • 목요일

4 Tuesday •   • 건조한; 말리다

5 Thursday •   • 내일

6 dry •   • (특정한) 날짜

7 cool •   • 시원한, 멋진

C 다음 사진에 해당하는 영어 단어를 보기 에서 골라 쓰세요.

보기

birthday	Halloween	Christmas	week
umbrella	lightning	heat	sunny

1

2

3

4

5

6

7

8

D 다음 우리말을 영어로 옮길 때, 빈칸에 알맞은 말을 보기 에서 골라 쓰세요.

보기

rainbow	cover	cold	warm	chance

1 어제는 날씨가 좋고 따뜻했습니다. ➜ It was nice and .... yesterday.

2 당신은 감기에 걸렸나요? ➜ Do you have a ....?

3 오늘 비가 올 가능성이 있습니다. ➜ We have a .... of rain today.

4 하얀 눈이 그 나무들을 덮습니다. ➜ White snow .... the trees.

5 무지개는 7개의 색을 가지고 있습니다. ➜ The .... has seven colors.

정답 및 해석 >> p58

Quick Check

● Day 20에서 학습한 단어들을 듣고 쓴 후, 그 단어의 우리말 뜻을 쓰세요.

1 _____ ➡ _____

2 _____ ➡ _____

3 _____ ➡ _____

4 _____ ➡ _____

5 _____ ➡ _____

6 _____ ➡ _____

7 _____ ➡ _____

8 _____ ➡ _____

9 _____ ➡ _____

10 _____ ➡ _____

✎ 틀린 단어 써보기

_____

_____

DAY 21 Music (1) 음악 (1)

다음은 Day 21에서 공부할 10개의 단어입니다. 모든 단어는 세 번씩 읽어줍니다.
단어 아래 표기된 ❶, ❷, ❸에 ✓ 표시하며 큰 소리로 따라하세요.

0501 **piano** 피아노	0502 **drum** 북, 드럼	0503 **violin** 바이올린	0504 **cello** 첼로
 ❶ ❷ ❸	 ❶ ❷ ❸	 ❶ ❷ ❸	 ❶ ❷ ❸

0505 **guitar** 기타	0506 **xylophone** 실로폰	0507 **harp** 하프
 ❶ ❷ ❸	 ❶ ❷ ❸	 ❶ ❷ ❸

0508 **flute** 플루트	0509 **trumpet** 트럼펫	0510 **recorder** 리코더, 녹음기
 ❶ ❷ ❸	 ❶ ❷ ❸	 ❶ ❷ ❸

보기

piano	violin	guitar	flute	recorder
drum	cello	harp	trumpet	xylophone

A 들려주는 영어 단어를 보기 에서 찾아 쓰고, 단어에 알맞은 사진을 연결하세요.

1 _____ 2 _____ 3 _____ 4 _____

•   •   •   •

•   •   •   •

B 들려주는 영어 단어를 보기 에서 찾아 쓰고, 괄호 안에서 알맞은 뜻을 고르세요.

1

(첼로 / 바이올린)

2

(기타 / 피아노)

3

(트럼펫 / 실로폰)

4

(북, 드럼 / 플루트)

5

(첼로 / 하프)

6

(트럼펫 / 리코더)

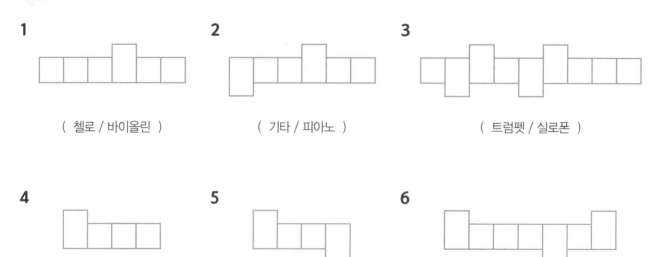

C 다음 우리말 뜻에 알맞은 영어 단어를 완성하세요.

1

□ a □ p

[하프]

2

d □ □ m

[북, 드럼]

3

□ i a □ o

[피아노]

4

□ □ l o p □ o n e

[실로폰]

5

t □ u □ □ e t

[트럼펫]

6

□ i o □ i n

[바이올린]

D 다음의 사다리를 따라간 후, 우리말에 해당하는 영어 단어를 쓰세요.

1 플루트   **2** 첼로   **3** 기타   **4** 리코더, 녹음기

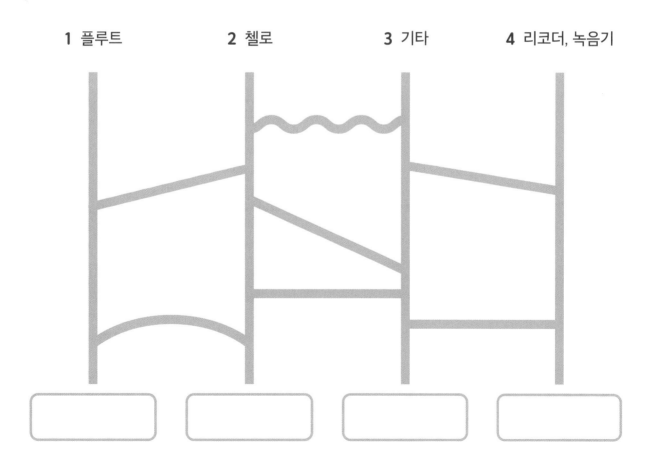

E　다음을 듣고 빈칸을 채워 문장을 완성한 후, 큰 소리로 따라하세요.

1　I can play the _____.

나는 피아노를 연주할 수 있습니다.

2　She teaches me to play the _____.

그녀는 저에게 바이올린 연주하는 것을 가르칩니다.

3　I can play the _____.

나는 기타를 연주할 수 있습니다.

4　My dad can play the _____.

나의 아빠는 드럼을 연주할 수 있습니다.

5　My mom can play the _____.

나의 엄마는 플루트를 연주할 수 있습니다.

📝 Expressions

· **teach** : 가르치다

F 다음 글을 읽고, 물음에 답하세요. 2번은 글에 쓰인 표현을 사용해 답하세요.

What Can You Play?

Welcome to the music club! What can you play?

Jina I can play the piano. I play it every day.
It makes me happy.

Tim I can play the violin. My mom can play the violin, too.
She teaches me to play the violin.

Ed I can play the guitar. My dad can play the drums and
my mom can play the flute.
We play music at home together.

1. 다음을 읽고, 윗글의 내용과 일치하면 T를, 일치하지 않으면 F를 쓰세요.

a. Jina, Tim, and Ed are members of the music club.	
b. Jina plays the piano every day.	
c. Tim's mom can play the flute.	

2. What can Ed's dad and mom play?

➡ Ed's dad can _____ _____ _____ and Ed's mom can

_____ _____ _____ .

Quick Check

정답 및 해석 >> p59

● Day 21에서 학습한 단어들을 듣고 쓴 후, 그 단어의 우리말 뜻을 쓰세요.

1   ➡

2   ➡

3   ➡

4   ➡

5   ➡

6   ➡

7   ➡

8   ➡

9   ➡

10   ➡

✍ 틀린 단어 써보기

Music (2) 음악 (2)

Step > 1 듣고 따라하기

다음은 Day 22에서 공부할 10개의 단어입니다. 모든 단어는 세 번씩 읽어줍니다.
단어 아래 표기된 ❶, ❷, ❸에 ✔ 표시하며 큰 소리로 따라하세요.

0511	0512	0513
sing 노래하다	**song** 노래	**loud** (소리가) 큰, 시끄러운

✔ ❷ ❸	❶ ❷ ❸	❶ ❷ ❸

0514	0515	0516	0517
voice 목소리	**orchestra** 관현악단	**opera** 오페라	**classical** 클래식의
		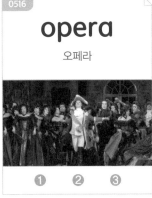	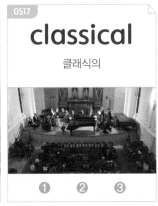
❶ ❷ ❸	❶ ❷ ❸	❶ ❷ ❸	❶ ❷ ❸

0518	0519	0520
band 밴드	**concert** 연주회, 콘서트	**rhythm** 리듬

❶ ❷ ❸	❶ ❷ ❸	❶ ❷ ❸

sing	loud	orchestra	classical	concert
song	voice	opera	band	rhythm

A 들려주는 영어 단어를 보기 에서 찾아 쓰고, 단어에 알맞은 사진을 연결하세요.

1 _____

2 _____

3 _____

4 _____

•

•

•

•

•

•

•

•

B 들려주는 영어 단어를 보기 에서 찾아 쓰고, 괄호 안에서 알맞은 뜻을 고르세요.

1

(클래식의 / 오페라)

2

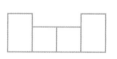

(밴드 / 연주회)

3

(관현악단 / 목소리)

4

(리듬 / 연주회, 콘서트)

5

(관현악단 / 오페라)

6

(노래 / 노래하다)

C 다음 우리말 뜻에 알맞은 영어 단어를 완성하세요.

1

so □ □

[노래]

2

□ o □ e □ a

[오페라]

3

□ oi □ e

[목소리]

4

o □ che □ t □ a

[관현악단]

5

□ o □ cer □

[연주회, 콘서트]

6

c □ as □ i □ al

[클래식의]

D 다음의 사다리를 따라간 후, 우리말에 해당하는 영어 단어를 쓰세요.

1 노래하다　　**2** (소리가) 큰, 시끄러운　　**3** 리듬　　**4** 밴드

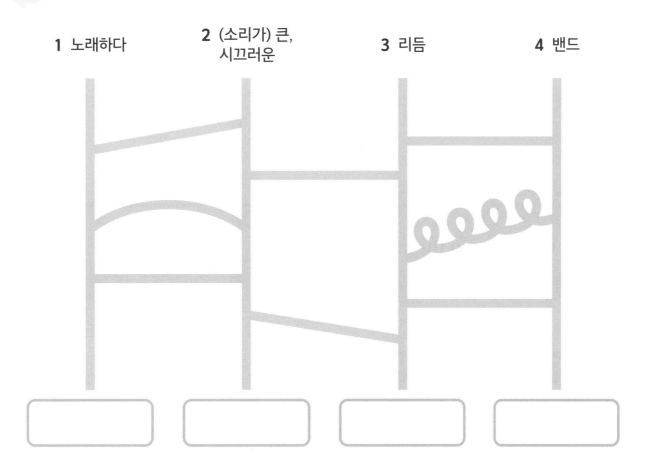

E 다음을 듣고 빈칸을 채워 문장을 완성한 후, 큰 소리로 따라하세요.

1 I like [   ] music.

나는 클래식 음악을 좋아합니다.

2 I play the flute in the school [   ].

나는 학교 관현악단에서 플루트를 연주합니다.

3 We will give a [   ] next week.

우리는 다음 주에 콘서트를 할 것입니다.

4 I like [   ].

나는 오페라를 좋아합니다.

5 I love the [   ] and beautiful [   ] of an opera singer.

나는 오페라 가수의 크고 아름다운 목소리를 아주 좋아합니다.

6 I want to [   ] well.

나는 노래를 잘하고 싶습니다.

7 I play the drums in the school [   ].

나는 학교 밴드에서 드럼을 연주합니다.

📝 **Expressions**

- give a concert : 콘서트를 하다
- next week : 다음 주에
- beautiful : 아름다운

F 다음 글을 읽고, 물음에 답하세요. 2번은 글에 쓰인 표현을 사용해 답하세요.

What Type of Music Do You Like?

Sarah I like classical music.

I play the flute in the school orchestra.

We will give a concert next week.

Harry I like opera. I love the loud and beautiful voice of

an opera singer.

I want to sing well, but I can't.

Susan I like band music.

I play the drums in the school band.

Our band will play in the school festival.

1. 글을 읽고, 그림의 내용과 관계있는 사람의 이름을 빈칸에 써넣으세요.

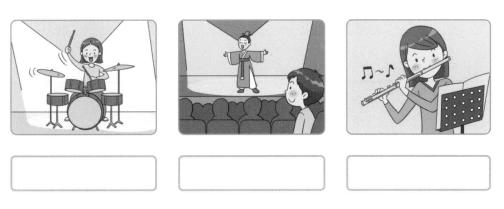

2. Why does Harry like opera?

→ Because he loves the _____ and _____ _____ of an opera singer.

정답 및 해석 >> p60

Quick Check

- Day 22에서 학습한 단어들을 듣고 쓴 후, 그 단어의 우리말 뜻을 쓰세요.

1 ➡

2 ➡

3 ➡

4 ➡

5 ➡

6 ➡

7 ➡

8 ➡

9 ➡

10 ➡

✍ 틀린 단어 써보기

DAY 23 Art (1) 미술 (1)

Step 1 · 듣고 따라하기

다음은 Day 23에서 공부할 10개의 단어입니다. 모든 단어는 세 번씩 읽어줍니다.
단어 아래 표기된 ❶, ❷, ❸에 ✔ 표시하며 큰 소리로 따라하세요.

0521 **picture** 그림, 사진	0522 **poster** 포스터	0523 **paper** 종이

✔ ❷ ❸　　❶ ❷ ❸　　❶ ❷ ❸

0524 **sketchbook** 스케치북	0525 **scissors** 가위	0526 **glue** 풀; 풀[접착제]로 붙이다	0527 **clay** 찰흙

❶ ❷ ❸　　❶ ❷ ❸　　❶ ❷ ❸　　❶ ❷ ❸

0528 **crayon** 크레용	0529 **palette** 팔레트	0530 **paintbrush** 붓

❶ ❷ ❸　　❶ ❷ ❸　　❶ ❷ ❸

| picture | paper | scissors | clay | palette |
| poster | sketchbook | glue | crayon | paintbrush |

A 들려주는 영어 단어를 보기 에서 찾아 쓰고, 단어에 알맞은 사진을 연결하세요.

1 _____ 2 _____ 3 _____ 4 _____

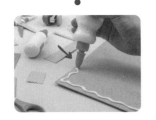

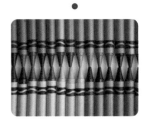

B 들려주는 영어 단어를 보기 에서 찾아 쓰고, 괄호 안에서 알맞은 뜻을 고르세요.

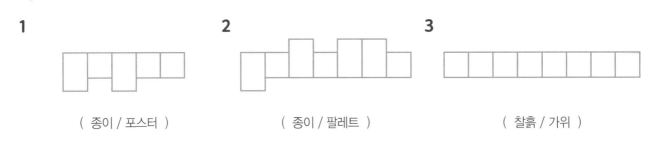

1 (종이 / 포스터)

2 (종이 / 팔레트)

3 (찰흙 / 가위)

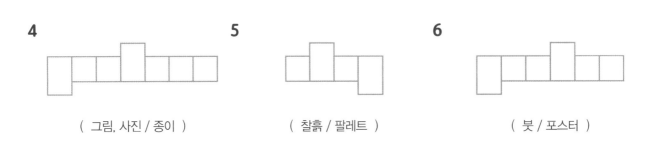

4 (그림, 사진 / 종이)

5 (찰흙 / 팔레트)

6 (붓 / 포스터)

C 다음 우리말 뜻에 알맞은 영어 단어를 완성하세요.

1

c ▢ a ▢ on

[크레용]

2

g ▢ ▢ e

[풀]

3

▢ ke ▢ ch ▢ oo ▢

[스케치북]

4

▢ os ▢ e ▢

[포스터]

5

▢ a ▢ er

[종이]

6

p ▢ in ▢ ▢ ru ▢ h

[붓]

D 다음의 사다리를 따라간 후, 우리말에 해당하는 영어 단어를 쓰세요.

1 가위　　　　　**2** 팔레트　　　　　**3** 그림, 사진　　　　　**4** 찰흙

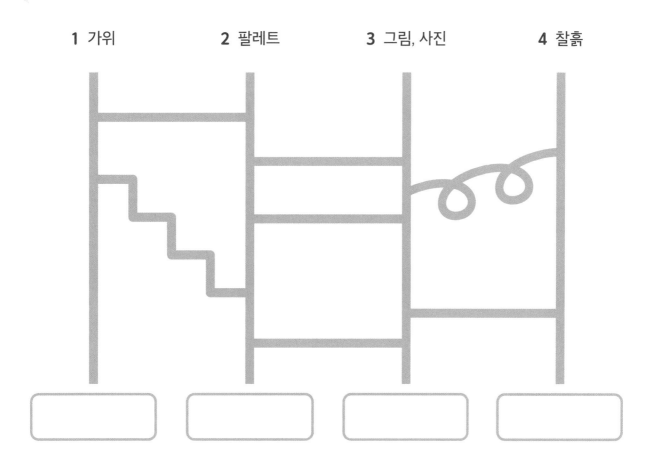

E 다음을 듣고 빈칸을 채워 문장을 완성한 후, 큰 소리로 따라하세요.

1 We make a ☐ for our school music festival.

우리는 학교 음악 축제를 위해 포스터를 만듭니다.

2 We need ☐ of a piano, violin, guitar, drum, and flute.

우리는 피아노, 바이올린, 기타, 드럼, 그리고 플루트의 그림이 필요합니다.

3 We draw pictures with a pencil in a ☐.

우리는 스케치북에 연필로 그림을 그립니다.

4 We color pictures with ☐.

우리는 그림을 크레용으로 색칠합니다.

5 We cut out pictures with ☐.

우리는 가위로 그림을 오려냅니다.

6 We ☐ pictures on a big piece of ☐.

우리는 그림을 큰 종이 위에 풀로 붙입니다.

📝 **Expressions**
- festival : 축제
- draw : 그리다
- color : 색칠하다
- cut out : 오려내다
- a piece of paper : 종이 한 장

F 다음 글을 읽고, 물음에 답하세요. 2번은 글에 쓰인 표현을 사용해 답하세요.

Let's Make a Poster!

We make a poster for our school music festival.

We need pictures of a piano, violin, guitar, drum,

and flute.

We draw them with a pencil in a sketchbook.

We color them with crayons.

We cut out the pictures with scissors.

We glue them on a big piece of paper.

Ta-da! Look at our poster! Isn't it nice?

1. 다음을 읽고, 윗글의 내용과 일치하면 T를, 일치하지 않으면 F를 쓰세요.

a. We draw a picture on a big piece of paper.	
b. We color pictures for making a poster.	
c. We glue pictures on a big piece of paper.	

2. What do we make a poster for?

→ We make it for _____ .

정답 및 해석 >> p61

Quick Check

● Day 23에서 학습한 단어들을 듣고 쓴 후, 그 단어의 우리말 뜻을 쓰세요.

1 _____ ➡ _____

2 _____ ➡ _____

3 _____ ➡ _____

4 _____ ➡ _____

5 _____ ➡ _____

6 _____ ➡ _____

7 _____ ➡ _____

8 _____ ➡ _____

9 _____ ➡ _____

10 _____ ➡ _____

✎ 틀린 단어 써보기

_____

_____

Art (2) 미술 (2)

Step 1 듣고 따라하기

다음은 Day 24에서 공부할 10개의 단어입니다. 모든 단어는 세 번씩 읽어줍니다.
단어 아래 표기된 ❶, ❷, ❸에 ✓ 표시하며 큰 소리로 따라하세요.

0531
draw
그리다

✔ ❷ ❸

0532
color
색깔; 색칠하다

❶ ❷ ❸

0533
paint
(물감으로) 그리다,
페인트칠하다; 페인트

❶ ❷ ❸

💡 **TIPS** paints는 '그림물감'의 의미를 나타내요.

0534
cut
자르다

❶ ❷ ❸

0535
paste
풀로 붙이다

❶ ❷ ❸

0536
tear
찢다; 눈물

❶ ❷ ❸

0537
fold
접다

❶ ❷ ❸

💡 **TIPS** '찢다'라는 뜻으로 쓰일 경우에는 [ter(테ㄹ)]로,
'눈물'이라는 뜻으로 쓰인 경우에는 [tíar(티어ㄹ)]로 발음합니다.

0538
collect
모으다, 수집하다

❶ ❷ ❸

0539
sculpture
조각

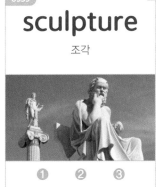

❶ ❷ ❸

0540
display
전시

❶ ❷ ❸

보기

draw	paint	paste	fold	sculpture
color	cut	tear	collect	display

A 들려주는 영어 단어를 보기에서 찾아 쓰고, 단어에 알맞은 사진을 연결하세요.

1 _____   **2** _____   **3** _____   **4** _____

•   •   •   •

•   •   •   •

B 들려주는 영어 단어를 보기에서 찾아 쓰고, 괄호 안에서 알맞은 뜻을 고르세요.

1

(접다 / 모으다)

2

(그리다 / 색깔)

3

(색칠하다 / 페인트)

4

(찢다 / 접다)

5

(전시 / 조각)

6

(풀로 붙이다 / 자르다)

C 다음 우리말 뜻에 알맞은 영어 단어를 완성하세요.

1 c □ lo □

[색깔; 색칠하다]

2 p □ □ □ t

[(물감으로) 그리다, 페인트칠하다; 페인트]

3 □ ol □

[접다]

4 dr □ □

[그리다]

5 p □ □ e

[풀로 붙이다]

6 □ cul □ tu □ e

[조각]

D 다음의 사다리를 따라간 후, 우리말에 해당하는 영어 단어를 쓰세요.

1 모으다 **2** 전시 **3** 자르다 **4** 찢다; 눈물

E 다음을 듣고 빈칸을 채워 문장을 완성한 후, 큰 소리로 따라하세요.

1 [_____] a piece of paper.

종이 한 장을 접으세요.

2 [_____] a Christmas tree on the paper.

종이 위에 크리스마스 나무를 그리세요.

3 [_____] or [_____] the Christmas tree.

크리스마스 나무에 색칠을 하거나 물감을 칠하세요.

4 [_____] out a star from yellow paper.

노란 종이에서 별을 오려내세요.

5 [_____] the yellow star on top of the tree.

나무의 꼭대기에 노란 별을 붙이세요.

6 [_____] small, white buttons.

작고 하얀 단추들을 모으세요.

7 [_____] the buttons under the tree.

나무 아래에 단추들을 붙이세요.

📝 **Expressions**
- a piece of paper : 종이 한 장
- cut out : 오려내다
- star : 별
- button : 단추

F 다음 글을 읽고, 물음에 답하세요. 2번은 글에 쓰인 표현을 사용해 답하세요.

Let's Make a Christmas Card!

1. Fold a piece of paper.
2. Draw a Christmas tree on the paper.
3. Color or paint the Christmas tree.
4. Cut out a star from yellow paper.
5. Paste the yellow star on top of the tree.
6. Collect small, white buttons.
7. Paste the buttons under the tree.
8. Now you have your Christmas card.
9. Open the card and write in it.

1. 이야기의 순서대로 그림 아래에 1 ~ 4의 숫자를 써넣으세요.

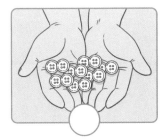   

2. Where do we paste the yellow star?

➡ We _____ it _____ _____ _____ the tree.

정답 및 해석 >> p62

Quick Check

● Day 24에서 학습한 단어들을 듣고 쓴 후, 그 단어의 우리말 뜻을 쓰세요.

1   →

2   →

3   →

4   →

5   →

6   →

7   →

8   →

9   →

10   →

✎ 틀린 단어 써보기

Step 1 듣고 따라하기

다음은 Day 25에서 공부할 10개의 단어입니다. 모든 단어는 세 번씩 읽어줍니다.
단어 아래 표기된 ❶, ❷, ❸에 ✔ 표시하며 큰 소리로 따라하세요.

0541
move
움직이다, 이동시키다

✔ ❷ ❸

0542
exercise
운동; 운동하다

❶ ❷ ❸

0543
practice
연습; 연습하다

❶ ❷ ❸

0544
jump
점프하다

❶ ❷ ❸

0545
hop
깡충깡충 뛰다

❶ ❷ ❸

0546
march
행진하다

❶ ❷ ❸

0547
step
스텝, 발걸음

❶ ❷ ❸

0548
dance
춤; 춤을 추다

❶ ❷ ❸

0549
climb
오르다

❶ ❷ ❸

0550
dive
(물속으로 거꾸로) 뛰어들다

❶ ❷ ❸

보기

move	practice	hop	step	climb
exercise	jump	march	dance	dive

A 들려주는 영어 단어를 보기 에서 찾아 쓰고, 단어에 알맞은 사진을 연결하세요.

1 _____

2 _____

3 _____

4 _____

•　　　　　•　　　　　•　　　　　•

•　　　　　•　　　　　•　　　　　•

B 들려주는 영어 단어를 보기 에서 찾아 쓰고, 괄호 안에서 알맞은 뜻을 고르세요.

1

(연습하다 / 움직이다)

2

(오르다 / (물속으로 거꾸로) 뛰어들다)

3

(춤을 추다 / 깡충깡충 뛰다)

4

(오르다 / 행진하다)

5

(춤 / 스텝, 발걸음)

6

(이동하다 / 연습하다)

C 다음 우리말 뜻에 알맞은 영어 단어를 완성하세요.

1 ⬜ i ⬜ e

[(물속으로 거꾸로) 뛰어들다]

2 ju ⬜ ⬜

[점프하다]

3 m ⬜ ⬜ e

[움직이다, 이동시키다]

4 d ⬜ n ⬜ e

[춤; 춤을 추다]

5 e ⬜ er ⬜ i ⬜ e

[운동; 운동하다]

6 h ⬜ ⬜

[깡충깡충 뛰다]

D 다음의 사다리를 따라간 후, 우리말에 해당하는 영어 단어를 쓰세요.

1 행진하다   **2** 오르다   **3** 스텝, 발걸음   **4** 연습; 연습하다

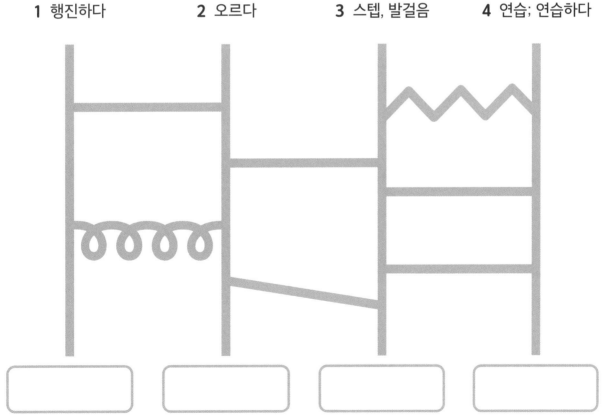

E   다음을 듣고 빈칸을 채워 문장을 완성한 후, 큰 소리로 따라하세요.

1   I sit all day and do not ☐ much.

나는 하루 종일 앉아 있고 운동을 많이 하지 않습니다.

2   You should ☐ more and sit less.

당신은 더 움직이고 덜 앉아 있어야 합니다.

3   You can ☐ and ☐ in a basketball game.

당신은 농구 경기에서 점프하고 깡충 뛸 수 있습니다.

4   You can ☐ and swim in the water.

당신은 물에서 다이빙하고 수영할 수 있습니다.

5   You can ☐ a mountain.

당신은 산을 오를 수 있습니다.

6   You can ☐ in the school dance club.

당신은 학교 댄스 동아리에서 춤출 수 있습니다.

7   You can ☐ in the school band.

당신은 학교 밴드에서 행진할 수 있습니다.

📝 **Expressions**

- **all day** : 하루 종일
- **should** : ~해야 한다
- **more** : 더 많이
- **less** : 더 적게, 덜하게
- **mountain** : 산

F 다음 글을 읽고, 물음에 답하세요. 2번은 글에 쓰인 표현을 사용해 답하세요.

Move More!

I sit all day and do not exercise much.

My back hurts. What can I do?

You should move more and sit less.

You can jump and hop in a basketball game.

You can run in a soccer game.

You can dive and swim in the water.

You can climb a mountain.

You can dance in the school dance club.

You can march in the school band.

1. 이야기의 순서대로 그림 아래에 1 ～ 4의 숫자를 써넣으세요.

2. In what game can you jump and hop?

➡ I can jump and hop _____ _____ _____ _____ .

A 다음 사진에 해당하는 영어 단어를 고르세요.

1

[climb / dive]

2

[jump / march]

3

[paint / paste]

4

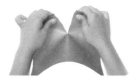

[fold / tear]

5

[trumpet / recorder]

6

[rhythm / poster]

B 다음 영어 단어와 우리말 뜻을 선으로 연결하세요.

1 step •   • 조각

2 glue •   • 전시

3 sculpture •   • 스텝, 발걸음

4 xylophone •   • 연습; 연습하다

5 hop •   • 실로폰

6 display •   • 깡충깡충 뛰다

7 practice •   • 풀; 풀[접착제]로 붙이다

C 다음 사진에 해당하는 영어 단어를 보기 에서 골라 쓰세요.

보기

| classical | draw | concert | cut |
| scissors | clay | loud | guitar |

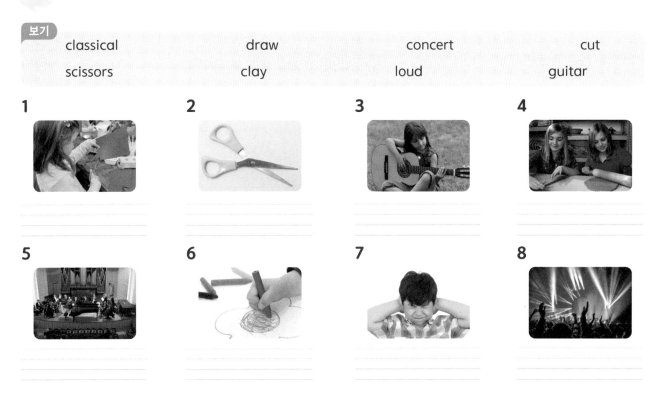

1

_____

2

_____

3

_____

4

_____

5

_____

6

_____

7

_____

8

_____

D 다음 우리말을 영어로 옮길 때, 빈칸에 알맞은 말을 보기 에서 골라 쓰세요.

보기

| voice | color | collect | move | exercise |

1 나는 동전 모으는 것을 좋아합니다. → I like to _____ coins.

2 나는 팔을 움직일 수가 없습니다. → I can't _____ my arms.

3 그녀의 목소리는 낮습니다. → Her _____ is low.

4 수영은 당신에게 좋은 운동입니다. → Swimming is a good _____ for you.

5 그 아이들이 그 그림에 색을 칠합니다. → The kids _____ the picture.

정답 및 해석 >> p64

Quick Check

● Day 25에서 학습한 단어들을 듣고 쓴 후, 그 단어의 우리말 뜻을 쓰세요.

1   ➡

2   ➡

3   ➡

4   ➡

5   ➡

6   ➡

7   ➡

8   ➡

9   ➡

10   ➡

✎ 틀린 단어 써보기

DAY 26 Science (1) 과학 (1)

학습한 날 : _____ / _____

Step 1 듣고 따라하기

다음은 Day 26에서 공부할 10개의 단어입니다. 모든 단어는 세 번씩 읽어줍니다.
단어 아래 표기된 ❶, ❷, ❸에 ✓ 표시하며 큰 소리로 따라하세요.

0551
light
빛; 가벼운

✓ ❷ ❸

0552
fire
불, 화재

❶ ❷ ❸

0553
air
공기, 공중

❶ ❷ ❸

💡TIPS '컴퓨터(computer)'는 compute에 er이 붙은 형태예요.

0554
energy
에너지

❶ ❷ ❸

0555
type
종류, 유형
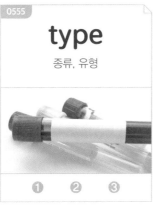
❶ ❷ ❸

0556
nothing
아무것도 아닌 것

❶ ❷ ❸

0557
compute
계산하다
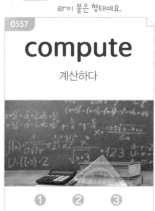
❶ ❷ ❸

0558
dream
꿈; 꿈을 꾸다

❶ ❷ ❸

0559
wing
날개

❶ ❷ ❸

0560
sky
하늘

❶ ❷ ❸

보기

| light | air | type | compute | wing |
| fire | energy | nothing | dream | sky |

A 들려주는 영어 단어를 [보기]에서 찾아 쓰고, 단어에 알맞은 사진을 연결하세요.

1 _____   2 _____   3 _____   4 _____

•   •   •   •

•   •   •   •

B 들려주는 영어 단어를 [보기]에서 찾아 쓰고, 괄호 안에서 알맞은 뜻을 고르세요.

1

(날개 / 가벼운)

2

(종류 / 아무것도 아닌 것)

3

(공중 / 에너지)

4

(계산하다 / 꿈을 꾸다)

5

(공중 / 종류, 유형)

6

(에너지 / 공기)

C 다음 우리말 뜻에 알맞은 영어 단어를 완성하세요.

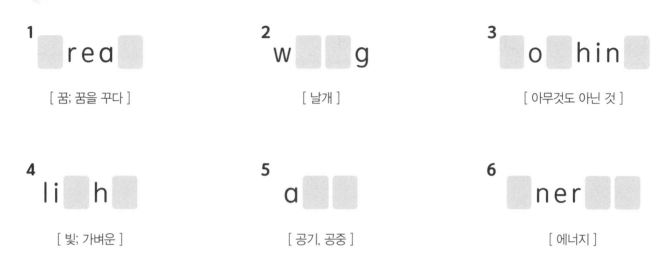

1 ☐ r e a ☐
[꿈; 꿈을 꾸다]

2 w ☐ ☐ g
[날개]

3 ☐ o ☐ h i n ☐
[아무것도 아닌 것]

4 l i ☐ h ☐
[빛; 가벼운]

5 a ☐ ☐
[공기, 공중]

6 ☐ n e r ☐ ☐
[에너지]

D 다음의 사다리를 따라간 후, 우리말에 해당하는 영어 단어를 쓰세요.

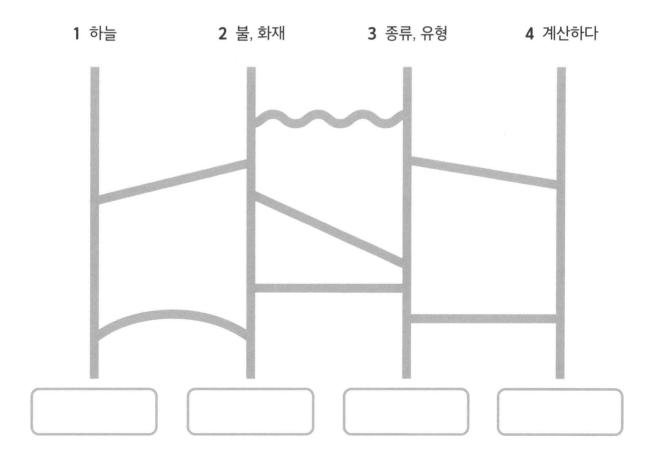

1 하늘   2 불, 화재   3 종류, 유형   4 계산하다

E 다음을 듣고 빈칸을 채워 문장을 완성한 후, 큰 소리로 따라하세요.

1 [   ] is faster than sound.

빛은 소리보다 더 빠릅니다.

2 Penguins have [   ], but they can't fly.

펭귄은 날개가 있지만, 그들은 날 수 없습니다.

3 The color of the [   ] is not blue.

하늘의 색은 파란색이 아닙니다.

4 We have 4 to 6 [   ] a night.

우리는 하룻밤에 4개에서 6개의 꿈을 꿉니다.

5 [   ] has no color.

공기는 색이 없습니다.

📝 **Expressions**

- **faster than** : ~보다 더 빠른
- **penguin** : 펭귄
- **fly** : 날다

F 다음 글을 읽고, 물음에 답하세요. 2번은 글에 쓰인 표현을 사용해 답하세요.

Fun Facts about Science

1. Light is faster than sound.
   So thunder comes after lightning.

2. Penguins have wings, but they can't fly.
   They use their wings for swimming.

3. The color of the sky is not blue.
   It just looks blue.

4. We have 4 to 6 dreams a night.
   But we can't remember all of them.

5. Air has no color. So we can't see air.

1. 다음을 읽고, 윗글의 내용과 일치하면 T를, 일치하지 않으면 F를 쓰세요.

a. Lightning comes faster than thunder.	
b. Penguins can fly with their wings.	
c. We have one dream a night.	

2. Why can't we see air?

➡ Because it _____ _____ _____ .

정답 및 해석 >> p65

Quick Check

● Day 26에서 학습한 단어들을 듣고 쓴 후, 그 단어의 우리말 뜻을 쓰세요.

1 _____ ➡ _____

2 _____ ➡ _____

3 _____ ➡ _____

4 _____ ➡ _____

5 _____ ➡ _____

6 _____ ➡ _____

7 _____ ➡ _____

8 _____ ➡ _____

9 _____ ➡ _____

10 _____ ➡ _____

✎ 틀린 단어 써보기

_____

_____

Step 1 듣고 따라하기

다음은 Day 27에서 공부할 10개의 단어입니다. 모든 단어는 세 번씩 읽어줍니다.
단어 아래 표기된 ❶, ❷, ❸에 ✔ 표시하며 큰 소리로 따라하세요.

0561 **birth** 탄생	0562 **death** 죽음

✔ ❷ ❸   ❶ ❷ ❸

0563 **stone** 돌	0564 **sand** 모래, 모래사장	0565 **rock** 암석, 바위	0566 **shade** 그늘

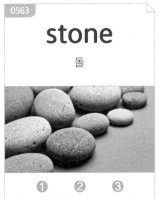

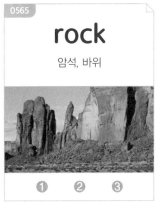

❶ ❷ ❸   ❶ ❷ ❸   ❶ ❷ ❸   ❶ ❷ ❸

0567 **land** 육지; 착륙하다	0568 **wood** 나무, 목재, 숲	0569 **burn** (불에) 태우다, 타다	0570 **flow** 흐르다

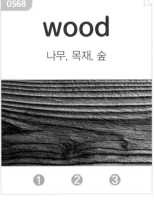

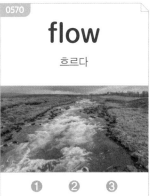

❶ ❷ ❸   ❶ ❷ ❸   ❶ ❷ ❸   ❶ ❷ ❸

보기

birth	stone	rock	land	burn
death	sand	shade	wood	flow

A 들려주는 영어 단어를 보기 에서 찾아 쓰고, 단어에 알맞은 사진을 연결하세요.

1 _____

2 _____

3 _____

4 _____

•   •   •   •

•   •   •   •

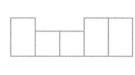 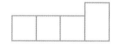 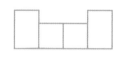 ...

B 들려주는 영어 단어를 보기 에서 찾아 쓰고, 괄호 안에서 알맞은 뜻을 고르세요.

1

(죽음 / 탄생)

2

(그늘 / 바위)

3

(착륙하다 / 태우다)

4

(모래 / 돌)

5

(그늘 / 숲)

6

(탄생 / 흐르다)

C 다음 우리말 뜻에 알맞은 영어 단어를 완성하세요.

1 ☐ o o ☐

[나무, 목재, 숲]

2 s ☐ n ☐

[모래, 모래사장]

3 l ☐ ☐ d

[육지; 착륙하다]

4 ☐ e a ☐ h

[죽음]

5 r ☐ ☐ k

[암석, 바위]

6 ☐ u ☐ n

[(불에) 태우다, 타다]

D 다음의 사다리를 따라간 후, 우리말에 해당하는 영어 단어를 쓰세요.

1 탄생　　　　**2** 흐르다　　　　**3** 돌　　　　**4** 그늘

E 다음을 듣고 빈칸을 채워 문장을 완성한 후, 큰 소리로 따라하세요.

1 Do you know about the ⬜ of new land?

당신은 새로운 육지의 탄생에 대해 알고 있습니까?

2 Wind and water make the ⬜ smaller and smaller.

바람과 물이 바위들을 점점 더 작아지게 만듭니다.

3 The rocks become many ⬜.

바위들은 많은 돌멩이들이 됩니다.

4 Wind and water make the stones into ⬜.

바람과 물이 돌멩이들을 모래로 만듭니다.

5 The sand ⬜ into rivers and the sea.

모래는 강과 바다로 흘러 들어갑니다.

6 Over time, the sand makes new ⬜.

시간이 지나, 모래는 새로운 육지를 만듭니다.

📝 **Expressions**

- about : ~에 대해
- smaller and smaller : 점점 더 작아지는
- flow into : ~로 흘러 들어가다
- over time : 시간이 흐르면서

F   다음 글을 읽고, 물음에 답하세요. 2번은 글에 쓰인 표현을 사용해 답하세요.

The Birth of New Land

Do you know about the birth of new land?

There are big rocks on the land.

Wind and water hit the big rocks.

They make the rocks smaller and smaller.

The rocks become many stones.

Wind and water hit the stones, too.

They make the stones into sand.

The sand flows into rivers and the sea.

Over time, the sand makes new land.

1. 이야기의 순서대로 그림 아래에 1 ~ 4의 숫자를 써넣으세요.

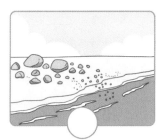

2. Where does the sand flow into?

➡ It ＿＿＿＿＿＿ ＿＿＿＿＿＿ ＿＿＿＿＿＿ and the ＿＿＿＿＿＿ .

정답 및 해석 >> p66

Quick Check

● Day 27에서 학습한 단어들을 듣고 쓴 후, 그 단어의 우리말 뜻을 쓰세요.

1 _____ ➡ _____

2 _____ ➡ _____

3 _____ ➡ _____

4 _____ ➡ _____

5 _____ ➡ _____

6 _____ ➡ _____

7 _____ ➡ _____

8 _____ ➡ _____

9 _____ ➡ _____

10 _____ ➡ _____

✐ 틀린 단어 써보기

_____

_____

DAY 28 History 역사

Step > 1 듣고 따라하기

다음은 Day 28에서 공부할 10개의 단어입니다. 모든 단어는 세 번씩 읽어줍니다.
단어 아래 표기된 ❶, ❷, ❸에 ✓ 표시하며 큰 소리로 따라하세요.

0571	0572
king 왕	**queen** 여왕

❶ ❷ ❸　❶ ❷ ❸

0573	0574	0575	0576
prince 왕자	**princess** 공주	**crown** 왕관	**emperor** 황제

❶ ❷ ❸　❶ ❷ ❸　❶ ❷ ❸　❶ ❷ ❸

💡TIPS tomb의 마지막 'b'는 발음하지 않아요.

0577	0578	0579	0580
war 전쟁	**kingdom** 왕국	**palace** 궁전, 궁궐	**tomb** 무덤

❶ ❷ ❸　❶ ❷ ❸　❶ ❷ ❸　❶ ❷ ❸

king	prince	crown	war	palace
queen	princess	emperor	kingdom	tomb

A 들려주는 영어 단어를 보기 에서 찾아 쓰고, 단어에 알맞은 사진을 연결하세요.

1 _____ •

2 _____ •

3 _____ •

4 _____ •

•

B 들려주는 영어 단어를 보기 에서 찾아 쓰고, 괄호 안에서 알맞은 뜻을 고르세요.

1
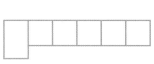
(왕 / 왕자)

2

(왕관 / 황제)

3

(무덤 / 궁전, 궁궐)

4
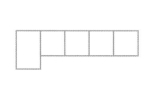
(여왕 / 공주)

5
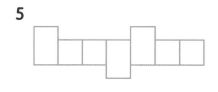
(전쟁 / 왕국)

6
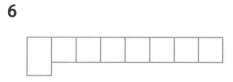
(공주 / 왕자)

C 다음 우리말 뜻에 알맞은 영어 단어를 완성하세요.

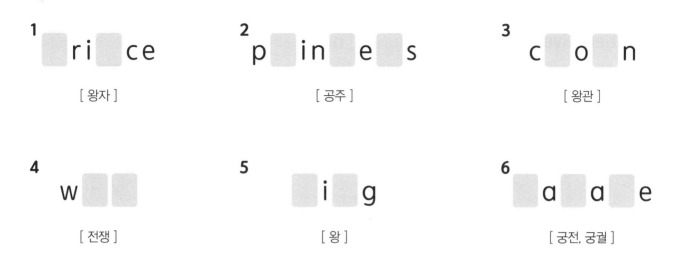

1 ☐ ri ☐ ce

[왕자]

2 p ☐ in ☐ e ☐ s

[공주]

3 c ☐ o ☐ n

[왕관]

4 w ☐ ☐

[전쟁]

5 ☐ i ☐ g

[왕]

6 ☐ a ☐ a ☐ e

[궁전, 궁궐]

D 다음의 사다리를 따라간 후, 우리말에 해당하는 영어 단어를 쓰세요.

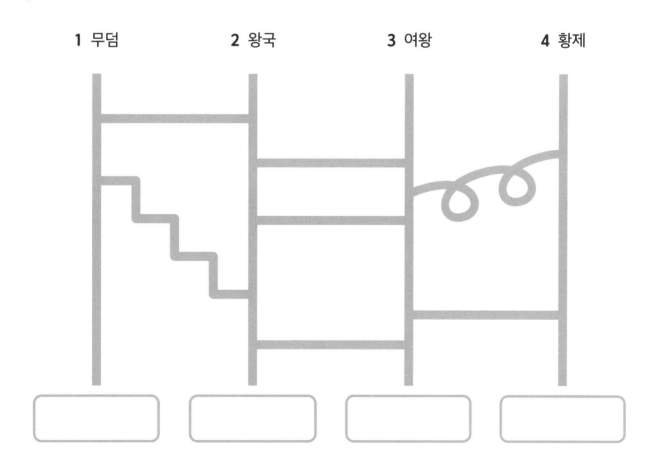

1 무덤   **2** 왕국   **3** 여왕   **4** 황제

E 다음을 듣고 빈칸을 채워 문장을 완성한 후, 큰 소리로 따라하세요.

1 There lived a good [ ] and [ ].

훌륭한 왕과 왕비가 살았습니다.

2 They had a [ ] and a [ ].

그들에게는 한 명의 왕자와 한 명의 공주가 있었습니다.

3 They all lived in an old [ ].

그들 모두는 오래된 궁전에서 살았습니다.

4 There was a big [ ] in the [ ].

그 왕국에 큰 전쟁이 있었습니다.

5 The prince and his soldiers saved the [ ].

왕자와 그의 병사들은 왕국을 구했습니다.

6 The king gave the [ ] to his son.

왕은 자신의 아들에게 왕관을 주었습니다.

7 The prince became a good [ ] like his father.

왕자는 그의 아버지와 같은 훌륭한 왕이 되었습니다.

📝 **Expressions**

- **there lived ~** : ~가 살았다
- **all** : 모두
- **gave** : give(주다)의 과거형
- **became** : become(~이 되다)의 과거형

F 다음 글을 읽고, 물음에 답하세요. 2번은 글에 쓰인 표현을 사용해 답하세요.

A Good Prince

There lived a good king and queen.

They had a prince and a princess.

They all lived in an old palace.

There was a big war in the kingdom.

The prince and his soldiers saved the kingdom.

The king gave the crown to his son.

The prince became a good king like his father.

People in the kingdom liked their new king.

1. 이야기의 순서대로 그림 아래에 1 ~ 3의 숫자를 써넣으세요.

2. Who saved the kingdom?

→ _____ and _____ saved the kingdom.

정답 및 해석 >> p67

Quick Check

● Day 28에서 학습한 단어들을 듣고 쓴 후, 그 단어의 우리말 뜻을 쓰세요.

1   ➡

2   ➡

3   ➡

4   ➡

5   ➡

6   ➡

7   ➡

8   ➡

9   ➡

10   ➡

✎ 틀린 단어 써보기

Social Studies 사회

Step > 1 듣고 따라하기

다음은 Day 29에서 공부할 10개의 단어입니다. 모든 단어는 세 번씩 읽어줍니다.
단어 아래 표기된 ❶, ❷, ❸에 ✔ 표시하며 큰 소리로 따라하세요.

0581
world
세계, 세상

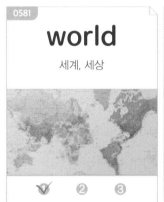

✔ ❷ ❸

0582
nation
국가, 나라

❶ ❷ ❸

0583
map
지도

❶ ❷ ❸

0584
continent
대륙

❶ ❷ ❸

0585
Asia
아시아

❶ ❷ ❸

0586
Europe
유럽

❶ ❷ ❸

0587
Africa
아프리카

❶ ❷ ❸

💡TIPS '대륙의 이름'을 나타내는 말은 첫 글자를 항상 대문자로 쓴다는 것에 유의하세요!

0588
thing
(사물을 가리키는) 것, 물건

❶ ❷ ❸

0589
business
사업

❶ ❷ ❸

0590
certain
확실한, 어떤, 확신하는

❶ ❷ ❸

| world | map | continent | Africa | business |
| nation | Asia | Europe | thing | certain |

A 들려주는 영어 단어를 보기에서 찾아 쓰고, 단어에 알맞은 사진을 연결하세요.

1 _____

2 _____

3 _____

4 _____

•

•

•

•

•

•

•

•

B 들려주는 영어 단어를 보기에서 찾아 쓰고, 괄호 안에서 알맞은 뜻을 고르세요.

1

(지도 / 세계, 세상)

2

(유럽 / 대륙)

3

(사업 / 어떤)

4

(아시아 / 아프리카)

5

((사물을 가리키는) 것, 물건 / 사업)

6

(아시아 / 나라)

C 다음 우리말 뜻에 알맞은 영어 단어를 완성하세요.

1 A□ri□a

[아프리카]

2 w□r□□

[세계, 세상]

3 □uro□e

[유럽]

4 t□in□

[(사물을 가리키는) 것, 물건]

5 c□n□□nent

[대륙]

6 □a□io□

[국가, 나라]

D 다음의 사다리를 따라간 후, 우리말에 해당하는 영어 단어를 쓰세요.

1 아시아   **2** 사업   **3** 지도   **4** 확실한, 어떤, 확신하는

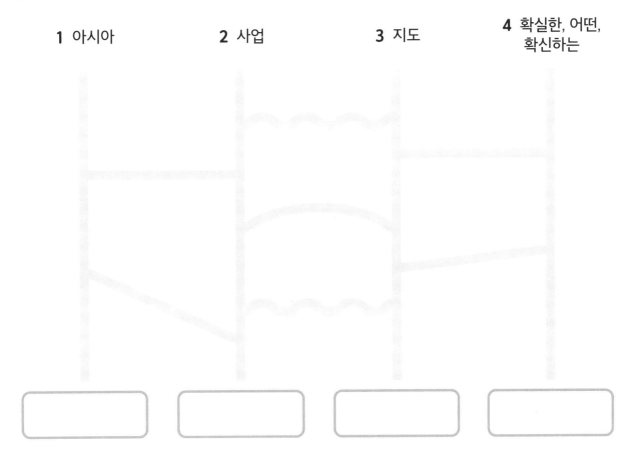

E 다음을 듣고 빈칸을 채워 문장을 완성한 후, 큰 소리로 따라하세요.

1 How many _____ are there in the _____?

세계에는 몇 개의 국가가 있나요?

2 Russia has land in both _____ and _____.

러시아는 유럽과 아시아 둘 모두에 영토를 가지고 있습니다.

3 Egypt is a _____ in _____.

이집트는 아프리카에 있는 국가입니다.

4 How many _____ are there in the world?

세계에는 몇 개의 대륙이 있나요?

5 Let's take a look at the world _____.

세계 지도를 한번 봅시다.

📝 **Expressions**
- how many ~? : 몇 개의 ~?
- both : 둘 다
- Egypt : 이집트
- take a look at ~ : ~를 한번 보다

F 다음 글을 읽고, 물음에 답하세요. 2번은 글에 쓰인 표현을 사용해 답하세요.

About Our World

Tim How many nations are there in the world?

Teacher There are 195 nations in the world.

Tim Is Russia in Europe?

Teacher Yes, but it is also in Asia.

Russia has land in both Europe and Asia.

Tim Where are the Pyramids?

Teacher They are in Egypt. Egypt is a nation in Africa.

Tim How many continents are there in the world?

Teacher Let's take a look at the world map. There are 7 continents in the world.

---

1. 다음을 읽고, 윗글의 내용과 일치하면 T를, 일치하지 않으면 F를 쓰세요.

a. There are over 190 nations in the world.	
b. Russia has land only in Europe.	
c. We can see the Pyramids in Africa.	

2. How many continents do we have in the world?

➡ We have _____ _____ in the world.

정답 및 해석 >> p68

Quick Check

● Day 29에서 학습한 단어들을 듣고 쓴 후, 그 단어의 우리말 뜻을 쓰세요.

1 _____ ➡ _____

2 _____ ➡ _____

3 _____ ➡ _____

4 _____ ➡ _____

5 _____ ➡ _____

6 _____ ➡ _____

7 _____ ➡ _____

8 _____ ➡ _____

9 _____ ➡ _____

10 _____ ➡ _____

✎ 틀린 단어 써보기

_____

_____

DAY 30 Attitudes and Manner 태도

Step > 1 듣고 따라하기

다음은 Day 30에서 공부할 10개의 단어입니다. 모든 단어는 세 번씩 읽어줍니다.
단어 아래 표기된 ❶, ❷, ❸에 ∨ 표시하며 큰 소리로 따라하세요.

0591 **act** 행동하다	0592 **also** 또한, ~도	0593 **kind** 친절한; 종류

✔ ❷ ❸	❶ ❷ ❸	❶ ❷ ❸

0594 **brave** 용감한	0595 **calm** 침착한	0596 **positive** 긍정적인	0597 **generous** 너그러운

❶ ❷ ❸	❶ ❷ ❸	❶ ❷ ❸	❶ ❷ ❸

0598 **stupid** 어리석은	0599 **shy** 수줍음을 많이 타는	0600 **rude** 예의 없는, 무례한

❶ ❷ ❸	❶ ❷ ❸	❶ ❷ ❸

보기

| act | kind | calm | generous | shy |
| also | brave | positive | stupid | rude |

A 들려주는 영어 단어를 보기에서 찾아 쓰고, 단어에 알맞은 사진을 연결하세요.

1 _____ 2 _____ 3 _____ 4 _____

•　　　　　　　•　　　　　　　•　　　　　　　•

•　　　　　　　•　　　　　　　•　　　　　　　•

B 들려주는 영어 단어를 보기에서 찾아 쓰고, 괄호 안에서 알맞은 뜻을 고르세요.

1

(종류 / 또한)

2

(어리석은 / 너그러운)

3

(용감한 / 침착한)

4

(예의 없는 / 어리석은)

5

(행동하다 / 또한, ~도)

6

(너그러운 / 긍정적인)

C 다음 우리말 뜻에 알맞은 영어 단어를 완성하세요.

1 a ☐ s ☐

[또한, ~도]

2 ☐ o ☐ iti ☐ e

[긍정적인]

3 ☐ e ☐ er ☐ ☐ s

[너그러운]

4 s ☐ ☐

[수줍음을 많이 타는]

5 ☐ tu ☐ id

[어리석은]

6 c ☐ ☐ m

[침착한]

D 다음의 사다리를 따라간 후, 우리말에 해당하는 영어 단어를 쓰세요.

1 행동하다　　　**2** 용감한　　　**3** 친절한; 종류　　　**4** 예의 없는

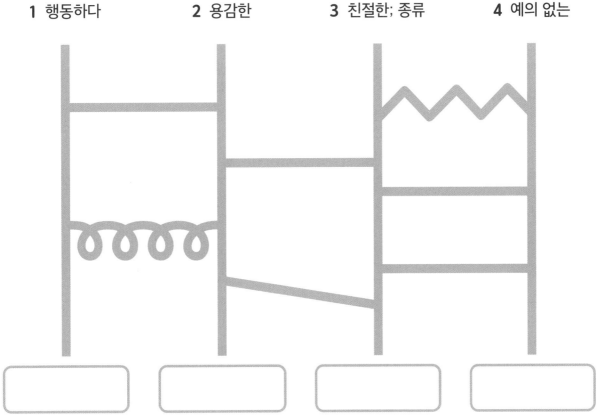

E 다음을 듣고 빈칸을 채워 문장을 완성한 후, 큰 소리로 따라하세요.

1 Here are tips to be [   ] to your friends.

여러분의 친구들에게 친절하기 위한 정보들이 있습니다.

2 Do not say [   ] words to your friends.

여러분의 친구들에게 무례한 말을 하지 마세요.

3 Say [   ] things to your friends.

여러분의 친구들에게 긍정적인 것들을 말하세요.

4 Say hello first to the [   ] friends.

수줍음이 많은 친구들에게 먼저 인사하세요.

5 Do not be angry with your friends and stay [   ].

여러분의 친구들에게 화를 내지 말고 침착하세요.

6 Be [   ]. Share your things with your friends.

마음을 넓게 쓰세요. 여러분의 물건들을 친구들과 함께 쓰세요.

📝 **Expressions**

- tip : 정보, 팁
- say hello : 인사하다
- first : 먼저
- stay : 계속 있다, 머무르다
- share : 함께 쓰다

F 다음 글을 읽고, 물음에 답하세요. 2번은 글에 쓰인 표현을 사용해 답하세요.

You Can Be a Good Friend!

Here are 6 tips to be kind to your friends.

- Do not say rude words to your friends.
- Say positive things to your friends.
- Say hello first to the shy friends.
- Understand your friends' feeling and listen to your friends.
- Do not be angry with your friends and stay calm.
- Be generous. Share your things with your friends.

Be a good friend first and you can make good friends.

1. 이야기의 순서대로 그림 아래에 1 ～ 3의 숫자를 써넣으세요.

2. How can we make good friends?

➡ We should be _____ _____ _____ first.

A 다음 사진에 해당하는 영어 단어를 고르세요.

1

[birth / positive]

2

[crown / palace]

3

[brave / stupid]

4

[burn / compute]

5

[Asia / Africa]

6

[stone / sand]

B 다음 영어 단어와 우리말 뜻을 선으로 연결하세요.

1	certain	•	•	너그러운
2	shade	•	•	친절한; 종류
3	nothing	•	•	또한, ~도
4	generous	•	•	확실한, 어떤, 확신하는
5	type	•	•	아무것도 아닌 것
6	kind	•	•	그늘
7	also	•	•	종류, 유형

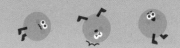

C

다음 사진에 해당하는 영어 단어를 보기 에서 골라 쓰세요.

보기

death	wood	light	fire
shy	business	tomb	war

1

2

3

4

5

6

7

8

D

다음 우리말을 영어로 옮길 때, 빈칸에 알맞은 말을 보기 에서 골라 쓰세요.

보기

world	stone	act	rude	map

1 당신은 지도를 볼 줄 아시나요? ➡ Can you read a ....?

2 그 돌은 단단합니다. ➡ The .... is hard.

3 그 아이들은 어른처럼 행동합니다. ➡ The children .... like adults.

4 그 소년은 그 숙녀에게 예의 없게 대합니다. ➡ The boy is .... to the lady.

5 전 세계 사람들이 전쟁을 싫어합니다. ➡ People around the .... hate war.

 **Quick Check**

정답 및 해석 >> p69

● Day 30에서 학습한 단어들을 듣고 쓴 후, 그 단어의 우리말 뜻을 쓰세요.

1 _____ → _____

2 _____ → _____

3 _____ → _____

4 _____ → _____

5 _____ → _____

6 _____ → _____

7 _____ → _____

8 _____ → _____

9 _____ → _____

10 _____ → _____

✎ 틀린 단어 써보기

_____

_____

_____

MEMO

MEMO

초등영단어
문장의 시작

Level 2

워크북 + 정답 및 해석

초등영단어 **Level 2**
문장의 시작

Level 2

초등영단어
문장의 시작

Workbook

다음 단어를 소리 내어 읽으며 세 번 이상 써보세요.

0301	**feeling** 감정	
0302	**glad** 기쁜, 반가운	
0303	**fine** 괜찮은, 좋은	
0304	**excited** 신이 난, 들뜬	
0305	**fun** 재미있는, 즐거운	
0306	**boring** 재미없는, 지루한	
0307	**hard** 어려운, 힘든; 열심히	
0308	**afraid** 겁내는, 걱정하는	
0309	**sorry** 안된, 미안한	
0310	**hurt** 다친; 다치게 하다, 아프다	

DAY 02 Feelings (2) 감정 (2)

다음 단어를 소리 내어 읽으며 세 번 이상 써보세요.

0311 **like**
좋아하다; ~처럼

0312 **love**
사랑하다; 사랑

0313 **want**
원하다

0314 **need**
필요하다

0315 **welcome**
환영하다

0316 **hate**
몹시 싫어하다, 미워하다; 증오

0317 **hope**
희망하다; 희망

0318 **laugh**
웃음; 웃다

0319 **worry**
걱정하다

0320 **joy**
(큰) 기쁨

DAY 03 Feelings (3) 감정 (3)

학습한 날 : _____ / _____

다음 단어를 소리 내어 읽으며 세 번 이상 써보세요.

0321
happy
행복한, 기쁜

0322
sad
슬픈

0323
angry
화난

0324
mad
몹시 화난

0325
interesting
재미있는, 흥미로운

0326
surprised
놀란, 놀라는

0327
strange
이상한, 낯선

0328
fond
좋아하는

0329
nervous
초조해하는, 긴장한

0330
wish
바라다; 소원

DAY
04 **Jobs (1)** 직업 (1)

학습한 날 : _____ / _____

다음 단어를 소리 내어 읽으며 세 번 이상 써보세요.

0331
job
직업, 직장, 일자리

0332
project
프로젝트, 과제

0333
work
일하다; 일, 직장

0334
staff
직원

0335
role
역할

0336
company
회사, 동료

0337
doctor
의사

0338
nurse
간호사

0339
firefighter
소방관

0340
police officer
경찰관

DAY 05

Jobs (2) 직업 (2)

학습한 날 : _____ / _____

다음 단어를 소리 내어 읽으며 세 번 이상 써보세요.

0341 **artist**
화가, 예술가

0342 **model**
모델, 모형

0343 **singer**
가수

0344 **dancer**
무용수

0345 **actor**
배우

0346 **writer**
작가

0347 **cook**
요리사; 요리하다

0348 **soldier**
군인

0349 **scientist**
과학자

0350 **pilot**
조종사

DAY 06 Sports (1) 운동 (1)

다음 단어를 소리 내어 읽으며 세 번 이상 써보세요.

0351 **sport**
운동, 스포츠

0352 **score**
득점하다; 점수

0353 **play**
경기하다, 연주하다, 놀다

0354 **bat**
방망이, 박쥐

0355 **basketball**
농구

0356 **baseball**
야구

0357 **soccer**
축구

0358 **football**
(미식)축구

0359 **tennis**
테니스

0360 **marathon**
마라톤

다음 단어를 소리 내어 읽으며 세 번 이상 써보세요.

0361
swim
수영하다; 수영

0362
skate
스케이트를 타다

0363
ski
스키를 타다

0364
track
경주로, 트랙

0365
race
경주; 경주하다

0366
court
경기장, 법정

0367
medal
메달

0368
win
(경기에서) 이기다, (메달을) 따다

0369
team
팀

0370
player
운동선수

Sport Actions 운동 동작

다음 단어를 소리 내어 읽으며 세 번 이상 써보세요.

0371
roll
굴리다, 구르다

0372
throw
던지다

0373
catch
잡다

0374
bounce
튀기다

0375
pass
건네주다, 지나가다

0376
shoot
(총을) 쏘다, (골에) 차다, 던지다

0377
hit
치다

0378
kick
차다

0379
run
달리다

0380
bend
구부리다

Money (1) 돈 (1)

다음 단어를 소리 내어 읽으며 세 번 이상 써보세요.

0381
money
돈

0382
get
얻다, 받다

0383
give
주다

0384
coin
동전

0385
bill
지폐, 계산서

0386
cash
현금

0387
purse
(여성용) 작은 지갑

0388
check
수표; 확인하다

0389
wallet
지갑

0390
put
놓다, 두다

Money (2) 돈 (2)

다음 단어를 소리 내어 읽으며 세 번 이상 써보세요.

0391
buy
사다, 사주다

0392
pay
지불하다

0393
borrow
빌리다

0394
lend
빌려주다

0395
save
저축하다, 구하다

0396
waste
낭비하다; 쓰레기

0397
allowance
용돈

0398
change
거스름돈; 바꾸다

0399
counter
계산대

0400
credit card
신용 카드

Time (1) 시간 (1)

다음 단어를 소리 내어 읽으며 세 번 이상 써보세요.

0401
now
지금, 이제

0402
next
다음의

0403
ago
(시간) 전에

0404
hour
시간, 1시간

0405
minute
분

0406
clock
시계

0407
o'clock
~시 (정각)

0408
past
과거

0409
present
현재, 지금, 선물

0410
future
미래

Time (2) 시간 (2)

다음 단어를 소리 내어 읽으며 세 번 이상 써보세요.

0411
sunrise
동틀 녘, 일출

0412
noon
한낮, 낮 12시

0413
sunset
해 질 녘, 일몰

0414
tonight
오늘 밤; 오늘 밤에

0415
for
~ 동안, ~를 위해

0416
during
~ 동안 (내내)

0417
new
새로운

0418
old
옛날의

0419
slow
느린; 느리게

0420
soon
곧

Time (3) 시간 (3)

다음 단어를 소리 내어 읽으며 세 번 이상 써보세요.

0421

arrive
도착하다

0422

begin
시작하다

0423

wait
기다리다

0424

after
~ 후에

0425

before
~ 전에

0426

early
이른; 일찍

0427

late
늦은; 늦게

0428

just
방금, 단지

0429

ahead
미리, 앞서, 앞으로

0430

gap
차이, 간격

DAY
14 **Positions (1)** 위치 (1)

학습한 날 : _____ / _____

다음 단어를 소리 내어 읽으며 세 번 이상 써보세요.

0431 **front**
앞쪽

0432 **behind**
~ 뒤에

0433 **under**
~ 아래에

0434 **top**
꼭대기

0435 **below**
~보다 아래에

0436 **above**
~보다 위에

0437 **between**
(둘) 사이에

0438 **among**
(셋 이상) 사이에

0439 **beside**
~ 옆에

0440 **around**
~ 둘레에, ~ 주위에

Positions (2) 위치 (2)

다음 단어를 소리 내어 읽으며 세 번 이상 써보세요.

0441
high
높은; 높이

0442
low
낮은; 낮게

0443
here
여기; 여기에

0444
there
거기; 거기에

0445
middle
한가운데, 중앙

0446
center
한가운데, 중심

0447
far
멀리 떨어진; 멀리

0448
away
떨어져

0449
over
너머, 건너; ~ 위에

0450
end
끝; 끝내다

Days and Holidays (1) 요일과 명절 (1)

다음 단어를 소리 내어 읽으며 세 번 이상 써보세요.

0451
Monday
월요일

0452
Tuesday
화요일

0453
Wednesday
수요일

0454
Thursday
목요일

0455
Friday
금요일

0456
Saturday
토요일

0457
Sunday
일요일

0458
yesterday
어제

0459
today
오늘

0460
tomorrow
내일

DAY 17 Days and Holidays (2) 요일과 명절 (2)

다음 단어를 소리 내어 읽으며 세 번 이상 써보세요.

0461 **date**
(특정한) 날짜

0462 **week**
일주일

0463 **weekday**
평일

0464 **weekend**
주말

0465 **birthday**
생일

0466 **New Year**
새해

0467 **Christmas**
크리스마스

0468 **Easter**
부활절

0469 **Thanksgiving**
추수감사절

0470 **Halloween**
핼러윈

Weather (1) 날씨 (1)

다음 단어를 소리 내어 읽으며 세 번 이상 써보세요.

0471
forecast
(날씨) 예보

0472
chance
가능성, 기회

0473
sunny
화창한

0474
clear
맑은

0475
cloudy
흐린, 구름이 잔뜩 낀

0476
foggy
안개가 낀

0477
rainy
비가 많이 오는

0478
snowy
눈이 많이 내리는

0479
windy
바람이 많이 부는

0480
stormy
폭풍우가 몰아치는

다음 단어를 소리 내어 읽으며 세 번 이상 써보세요.

0481
cold
추운, 차가운; 감기

0482
hot
더운, 뜨거운, 매운

0483
warm
따뜻한

0484
cool
시원한, 멋진

0485
dry
건조한; 말리다

0486
snowman
눈사람

0487
snow
눈; 눈이 오다

0488
wind
바람

0489
cover
덮다

0490
blow
(바람이) 불다

DAY 20  Weather (3) 날씨 (3)

다음 단어를 소리 내어 읽으며 세 번 이상 써보세요.

0491
storm
폭풍우

0492
thunder
천둥

0493
lightning
번개

0494
rainbow
무지개

0495
cloud
구름

0496
drop
떨어지다, 떨어뜨리다; (액체) 방울

0497
heat
더위, 열기

0498
ice
얼음

0499
rain
비; 비가 오다

0500
umbrella
우산

Music (1) 음악 (1)

다음 단어를 소리 내어 읽으며 세 번 이상 써보세요.

0501 **piano**
피아노

0502 **drum**
북, 드럼

0503 **violin**
바이올린

0504 **cello**
첼로

0505 **guitar**
기타

0506 **xylophone**
실로폰

0507 **harp**
하프

0508 **flute**
플루트

0509 **trumpet**
트럼펫

0510 **recorder**
리코더, 녹음기

다음 단어를 소리 내어 읽으며 세 번 이상 써보세요.

0511
sing
노래하다

0512
song
노래

0513
loud
(소리가) 큰, 시끄러운

0514
voice
목소리

0515
orchestra
관현악단

0516
opera
오페라

0517
classical
클래식의

0518
band
밴드

0519
concert
연주회, 콘서트

0520
rhythm
리듬

DAY 23 🎓 Art (1) 미술 (1)

다음 단어를 소리 내어 읽으며 세 번 이상 써보세요.

0521
picture
그림, 사진

0522
poster
포스터

0523
paper
종이

0524
sketchbook
스케치북

0525
scissors
가위

0526
glue
풀; 풀[접착제]로 붙이다

0527
clay
찰흙

0528
crayon
크레용

0529
palette
팔레트

0530
paintbrush
붓

Art (2) 미술 (2)

다음 단어를 소리 내어 읽으며 세 번 이상 써보세요.

0531
draw
그리다

0532
color
색깔, 색칠하다

0533
paint
(물감으로) 그리다, 페인트칠하다; 페인트

0534
cut
자르다

0535
paste
풀로 붙이다

0536
tear
찢다; 눈물

0537
fold
접다

0538
collect
모으다, 수집하다

0539
sculpture
조각

0540
display
전시

다음 단어를 소리 내어 읽으며 세 번 이상 써보세요.

0541
move
움직이다, 이동시키다

0542
exercise
운동; 운동하다

0543
practice
연습; 연습하다

0544
jump
점프하다

0545
hop
깡충깡충 뛰다

0546
march
행진하다

0547
step
스텝, 발걸음

0548
dance
춤; 춤을 추다

0549
climb
오르다

0550
dive
(물속으로 거꾸로) 뛰어들다

다음 단어를 소리 내어 읽으며 세 번 이상 써보세요.

0551 **light**
빛; 가벼운

0552 **fire**
불, 화재

0553 **air**
공기, 공중

0554 **energy**
에너지

0555 **type**
종류, 유형

0556 **nothing**
아무것도 아닌 것

0557 **compute**
계산하다

0558 **dream**
꿈; 꿈을 꾸다

0559 **wing**
날개

0560 **sky**
하늘

다음 단어를 소리 내어 읽으며 세 번 이상 써보세요.

0561	**birth** 탄생
0562	**death** 죽음
0563	**stone** 돌
0564	**sand** 모래, 모래사장
0565	**rock** 암석, 바위
0566	**shade** 그늘
0567	**land** 육지; 착륙하다
0568	**wood** 나무, 목재, 숲
0569	**burn** (불에) 태우다, 타다
0570	**flow** 흐르다

DAY 28  History 역사

다음 단어를 소리 내어 읽으며 세 번 이상 써보세요.

0571
king
왕

0572
queen
여왕

0573
prince
왕자

0574
princess
공주

0575
crown
왕관

0576
emperor
황제

0577
war
전쟁

0578
kingdom
왕국

0579
palace
궁전, 궁궐

0580
tomb
무덤

다음 단어를 소리 내어 읽으며 세 번 이상 써보세요.

0581
world
세계, 세상

0582
nation
국가, 나라

0583
map
지도

0584
continent
대륙

0585
Asia
아시아

0586
Europe
유럽

0587
Africa
아프리카

0588
thing
(사물을 가리키는) 것, 물건

0589
business
사업

0590
certain
확실한, 어떤, 확신하는

Attitudes and Manner 태도

다음 단어를 소리 내어 읽으며 세 번 이상 써보세요.

0591
act
행동하다

0592
also
또한, ~도

0593
kind
친절한, 종류

0594
brave
용감한

0595
calm
침착한

0596
positive
긍정적인

0597
generous
너그러운

0598
stupid
어리석은

0599
shy
수줍음을 많이 타는

0600
rude
예의 없는, 무례한

MEMO

초등영단어 문장의 시작

Level 2

정답 및 해석

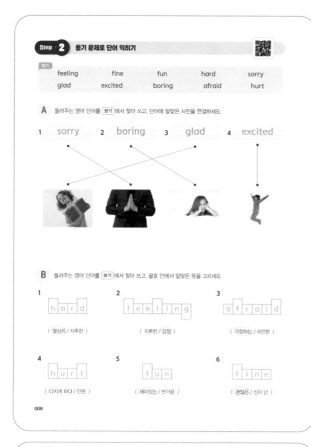

Step 2 듣기 문제로 단어 익히기

보기

| feeling | fine | fun | hard | sorry |
| glad | excited | boring | afraid | hurt |

A 들려주는 영어 단어를 보기 에서 찾아 쓰고, 단어에 알맞은 사진을 연결하세요.

1 sorry　2 boring　3 glad　4 excited

B 들려주는 영어 단어를 보기 에서 찾아 쓰고, 괄호 안에서 알맞은 뜻을 고르세요.

1 h a r d
(열심히 / 지루한)

2 f e e l i n g
(지루한 / 감정)

3 a f r a i d
(걱정하는 / 미안한)

4 h u r t
(다치게 하다 / 안된)

5 f u n
(재미있는 / 반가운)

6 f i n e
(괜찮은 / 신이 난)

008

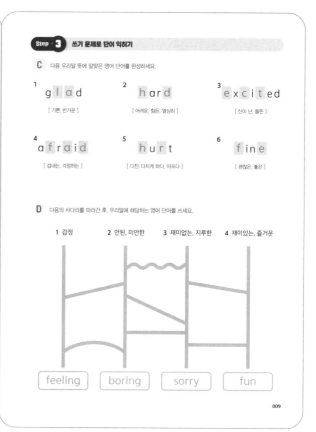

Step 3 쓰기 문제로 단어 익히기

C 다음 우리말 뜻에 알맞은 영어 단어를 완성하세요.

1 g l a d
[기쁜, 반가운]

2 h a r d
[어려운, 힘든; 열심히]

3 e x c i t e d
[신이 난, 들뜬]

4 a f r a i d
[겁내는, 걱정하는]

5 h u r t
[다친; 다치게 하다, 아프다]

6 f i n e
[괜찮은, 좋은]

D 다음의 사다리를 따라간 후, 우리말에 해당하는 영어 단어를 쓰세요.

1 감정　2 안된, 미안한　3 재미없는, 지루한　4 재미있는, 즐거운

feeling　boring　sorry　fun

009

Step 4 문장 듣기로 단어 확장하기

E 다음을 듣고 빈칸을 채워 문장을 완성한 후, 큰 소리로 따라하세요.

1 I am excited .
나는 신이 납니다.

2 I will read fun books at home.
나는 집에서 재미있는 책들을 읽을 겁니다.

3 I am not fine .
나는 괜찮지 않습니다.

4 My foot hurts .
나는 발이 아픕니다.

5 I should be at home and study hard .
나는 집에 있어야 하고 열심히 공부해야 합니다.

6 It will be boring .
그것은 지루할 것입니다.

7 I am sorry to hear that.
그거 안됐네요.

Expressions
· at home : 집에
· should : ~해야
· I am sorry t

해석
2. 지나는 오늘 집에서 무엇을 할 건가요?
→ 그녀는 집에서 재미있는 책을 읽을 것입니다.

010

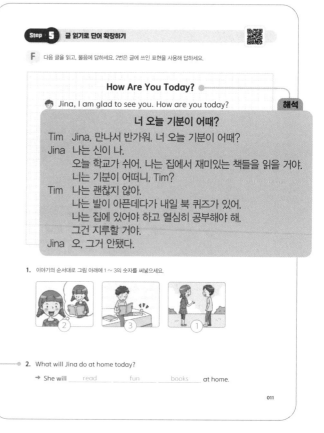

Step 5 글 읽기로 단어 확장하기

F 다음 글을 읽고, 물음에 답하세요. 2번은 글에 쓰인 표현을 사용해 답하세요.

How Are You Today?

Jina, I am glad to see you. How are you today?

해석
너 오늘 기분이 어때?
Tim　Jina, 만나서 반가워. 너 오늘 기분이 어때?
Jina　나는 신이 나.
오늘 학교가 쉬어. 나는 집에서 재미있는 책들을 읽을 거야.
니는 기분이 어떠니, Tim?
Tim　나는 괜찮지 않아.
나는 발이 아픈데다가 내일 북 퀴즈가 있어.
나는 집에 있어야 하고 열심히 공부해야 해.
그건 지루할 거야.
Jina　오, 그거 안됐다.

1. 이야기의 순서대로 그림 아래에 1 ~ 3의 숫자를 써넣으세요.

2. What will Jina do at home today?
→ She will read fun books at home.

011

Quick Check

1 fine → 괜찮은, 좋은 2 fun → 재미있는, 즐거운 3 afraid → 겁내는, 걱정하는 4 hard → 어려운, 힘든; 열심히 5 hurt → 다친; 다치게 하다, 아프다

6 sorry → 안된, 미안한 7 glad → 기쁜, 반가운 8 feeling → 감정 9 excited → 신이 난, 들뜬 10 boring → 재미없는, 지루한

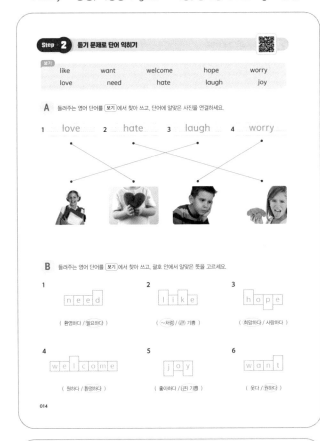

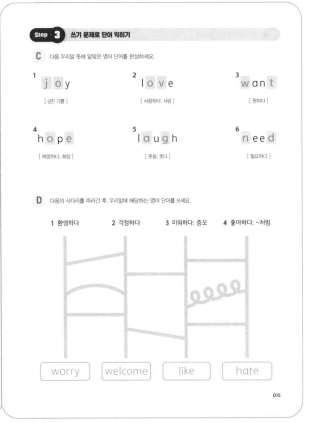

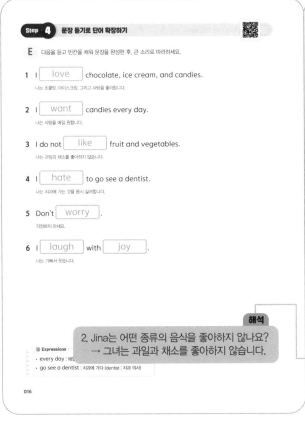

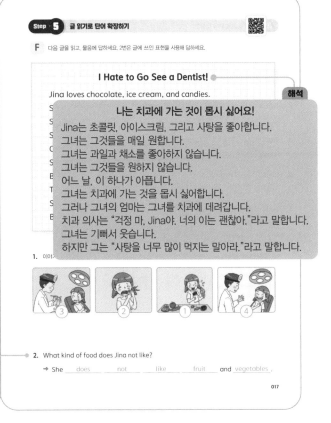

Quick Check

1 want → 원하다 2 love → 사랑하다; 사랑 3 hate → 몹시 싫어하다, 미워하다; 증오 4 need → 필요하다 5 laugh → 웃음; 웃다

6 joy → (큰) 기쁨 7 like → 좋아하다; ~처럼 8 welcome → 환영하다 9 hope → 희망하다; 희망 10 worry → 걱정하다

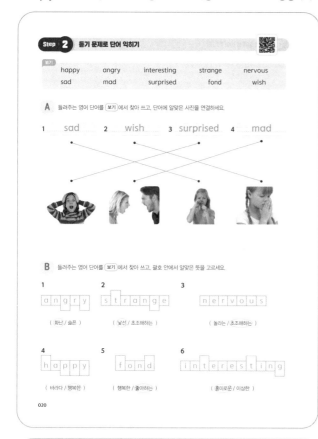

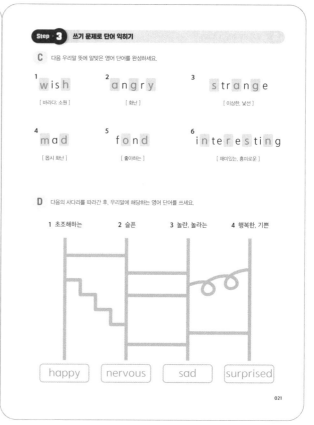

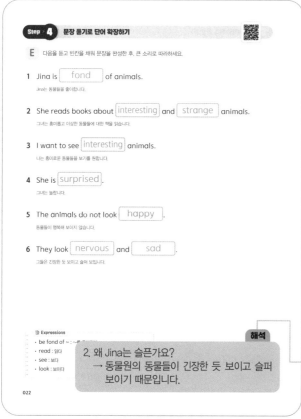

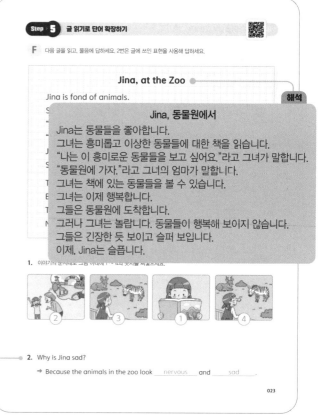

Quick Check

1 sad → 슬픈 2 strange → 이상한, 낯선 3 interesting → 재미있는, 흥미로운 4 wish → 바라다; 소원 5 fond → 좋아하는

6 happy → 행복한, 기쁜 7 surprised → 놀란, 놀라는 8 angry → 화난 9 nervous → 초조해하는, 긴장한 10 mad → 몹시 화난

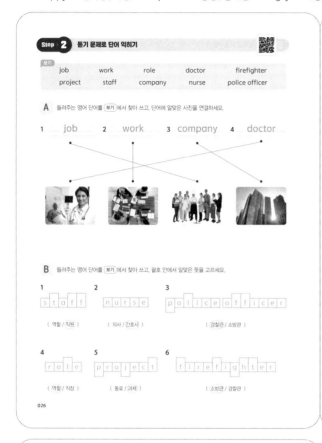

Step 2 듣기 문제로 단어 익히기

보기
| job | work | role | doctor | firefighter |
| project | staff | company | nurse | police officer |

A 들려주는 영어 단어를 보기 에서 찾아 쓰고, 단어에 알맞은 사진을 연결하세요.

1 job 2 work 3 company 4 doctor

B 들려주는 영어 단어를 보기 에서 찾아 쓰고, 괄호 안에서 알맞은 뜻을 고르세요.

1 s t a f f (역할 / 직원)
2 n u r s e (의사 / 간호사)
3 p o l i c e o f f i c e r (경찰관 / 소방관)
4 r o l e (역할 / 직장)
5 p r o j e c t (동료 / 과제)
6 f i r e f i g h t e r (소방관 / 경찰관)

026

Step 3 쓰기 문제로 단어 익히기

C 다음 우리말 뜻에 알맞은 영어 단어를 완성하세요.

1 p r o j e c t [프로젝트, 과제]
2 p o l i c e o f f i c e r [경찰관]
3 j o b [직업, 직장, 일자리]
4 s t a f f [직원]
5 f i r e f i g h t e r [소방관]
6 d o c t o r [의사]

D 다음의 사다리를 따라간 후, 우리말에 해당하는 영어 단어를 쓰세요.

1 역할 2 회사, 동료 3 간호사 4 일하다

company nurse work role

027

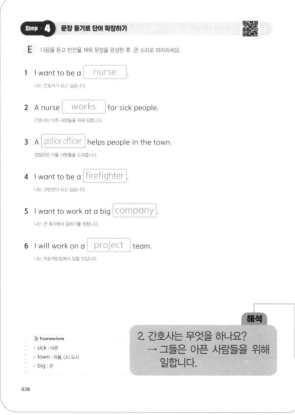

Step 4 문장 듣기로 단어 확장하기

E 다음을 듣고 빈칸을 채워 문장을 완성한 후, 큰 소리로 따라하세요.

1 I want to be a nurse .
나는 간호사가 되고 싶습니다.

2 A nurse works for sick people.
간호사는 아픈 사람들을 위해 일합니다.

3 A police officer helps people in the town.
경찰관은 마을 사람들을 도와줍니다.

4 I want to be a firefighter .
나는 소방관이 되고 싶습니다.

5 I want to work at a big company .
나는 큰 회사에서 일하기를 원합니다.

6 I will work on a project team.
나는 프로젝트팀에서 일할 것입니다.

🔊 Expressions
· sick : 아픈
· town : 마을, (소) 도시
· big : 큰

해석
2 간호사는 무엇을 하나요?
→ 그들은 아픈 사람들을 위해
일합니다.

028

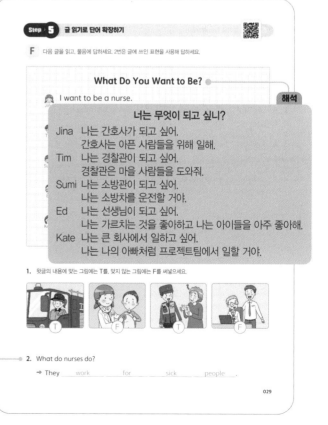

Step 5 글 읽기로 단어 확장하기

F 다음 글을 읽고, 물음에 답하세요. 2번은 글에 쓰인 표현을 사용해 답하세요.

What Do You Want to Be?

I want to be a nurse.

해석

너는 무엇이 되고 싶니?

Jina 나는 간호사가 되고 싶어.
간호사는 아픈 사람들을 위해 일해.
Tim 나는 경찰관이 되고 싶어.
경찰관은 마을 사람들을 도와줘.
Sumi 나는 소방관이 되고 싶어.
나는 소방차를 운전할 거야.
Ed 나는 선생님이 되고 싶어.
나는 가르치는 것을 좋아하고 나는 아이들을 아주 좋아해.
Kate 나는 큰 회사에서 일하고 싶어.
나는 나의 아빠처럼 프로젝트팀에서 일할 거야.

1. 윗글의 내용에 맞는 그림에는 T를, 맞지 않는 그림에는 F를 써넣으세요.

T F T F

2. What do nurses do?
→ They work for sick people .

029

정답 및 해석 **37**

DAY 05

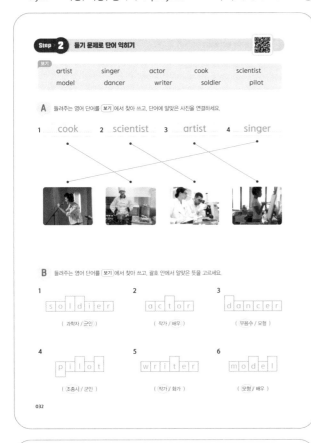

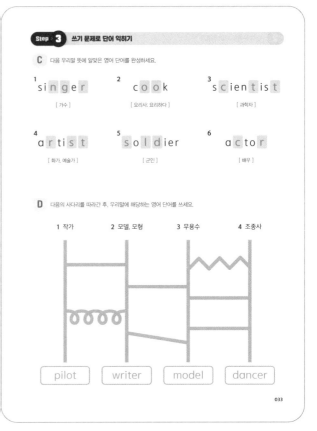

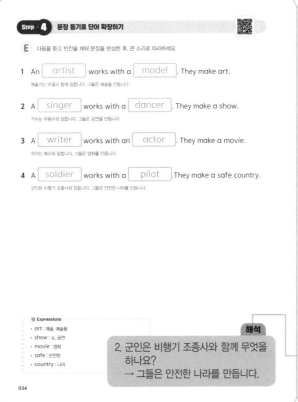

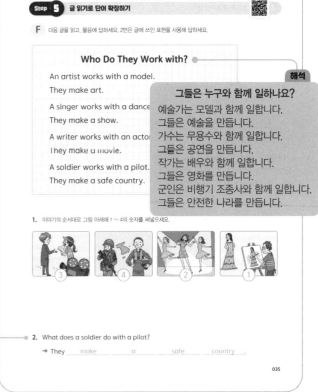

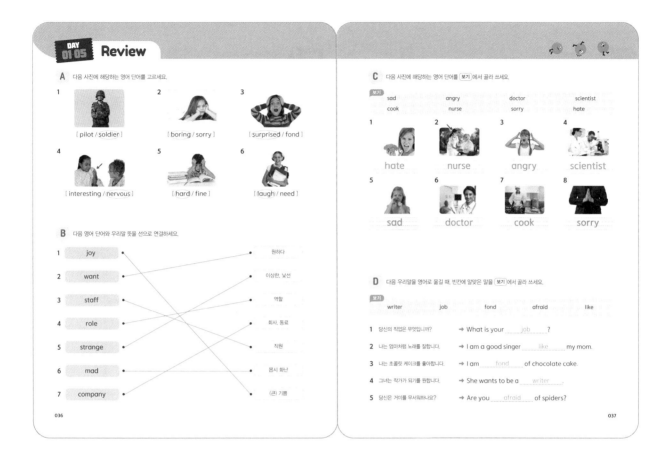

DAY 01 05 Review

A 다음 사진에 해당하는 영어 단어를 고르세요.

1 [pilot / soldier]
2 [boring / sorry]
3 [surprised / fond]
4 [interesting / nervous]
5 [hard / fine]
6 [laugh / need]

B 다음 영어 단어와 우리말 뜻을 선으로 연결하세요.

1 joy · · 원하다
2 want · · 이상한, 낯선
3 staff · · 역할
4 role · · 회사, 동료
5 strange · · 직원
6 mad · · 몹시 화난
7 company · · (큰) 기쁨

C 다음 사진에 해당하는 영어 단어를 보기 에서 골라 쓰세요.

보기
sad   angry   doctor   scientist
cook   nurse   sorry   hate

1 hate
2 nurse
3 angry
4 scientist
5 sad
6 doctor
7 cook
8 sorry

D 다음 우리말을 영어로 옮길 때, 빈칸에 알맞은 말을 보기 에서 골라 쓰세요.

보기
writer   job   fond   afraid   like

1 당신의 직업은 무엇입니까?   → What is your _____ job _____ ?
2 나는 엄마처럼 노래를 잘합니다.   → I am a good singer _____ like _____ my mom.
3 나는 초콜릿 케이크를 좋아합니다.   → I am _____ fond _____ of chocolate cake.
4 그녀는 작가가 되기를 원합니다.   → She wants to be a _____ writer _____ .
5 당신은 거미를 무서워하나요?   → Are you _____ afraid _____ of spiders?

036

037

DAY 06

Quick Check
1 model → 모델, 모형 2 cook → 요리사; 요리하다 3 soldier → 군인 4 dancer → 무용수 5 artist → 화가, 예술가
6 writer → 작가 7 singer → 가수 8 scientist → 과학자 9 pilot → 조종사 10 actor → 배우

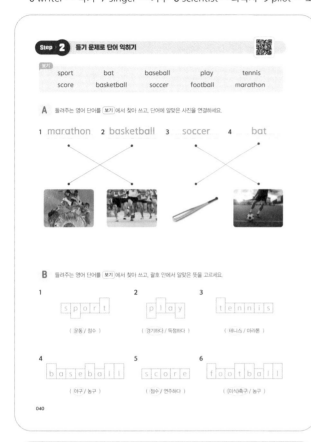

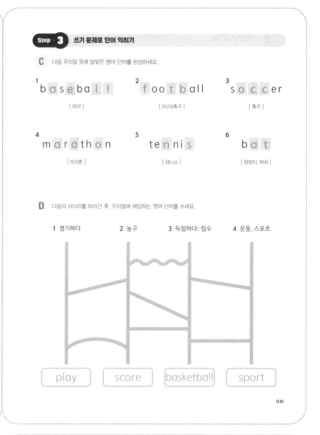

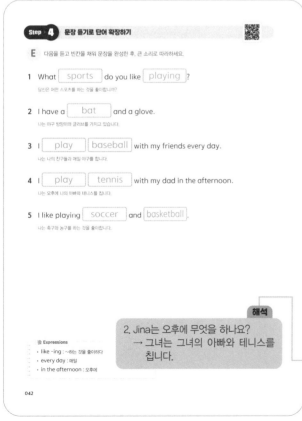

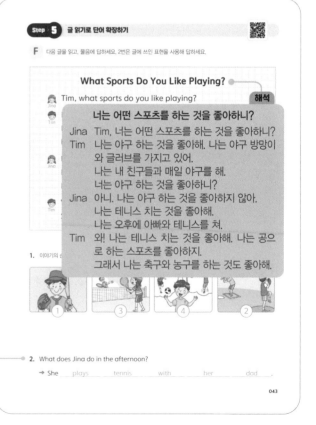

040

041

042

043

DAY 07

Quick Check

1 play → 경기하다, 연주하다, 놀다 2 bat → 방망이, 박쥐 3 soccer → 축구 4 tennis → 테니스 5 score → 득점하다; 점수

6 sport → 운동, 스포츠 7 football → (미식)축구 8 marathon → 마라톤 9 basketball → 농구 10 baseball → 야구

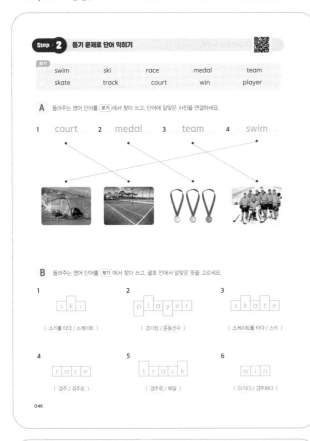

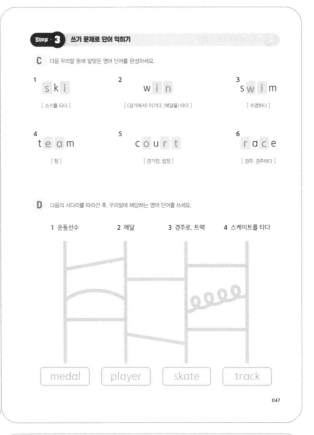

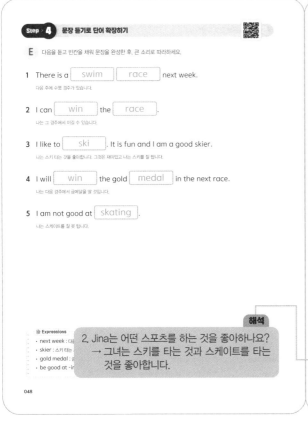

DAY 08

Quick Check
1 ski → 스키를 타다 2 court → 경기장, 법정 3 track → 경주로, 트랙 4 medal → 메달 5 player → 운동선수
6 win → (경기에서) 이기다, (메달을) 따다 7 swim → 수영하다; 수영 8 race → 경주; 경주하다 9 skate → 스케이트를 타다 10 team → 팀

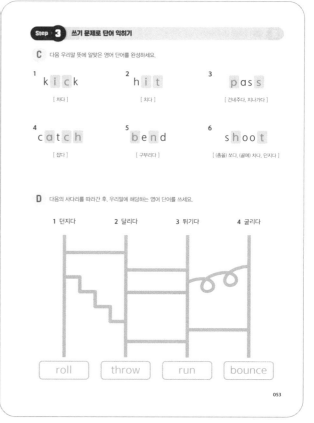

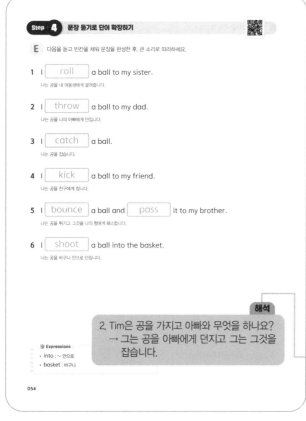

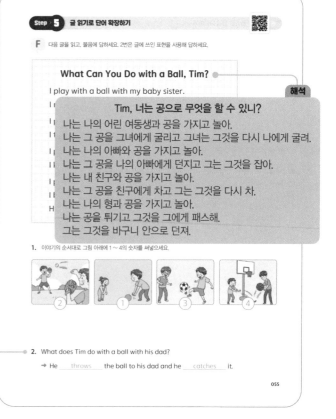

DAY 09

Quick Check
1 roll → 굴리다, 구르다 2 catch → 잡다 3 pass → 건네주다, 지나가다 4 hit → 치다 5 run → 달리다
6 kick → 차다 7 throw → 던지다 8 bounce → 튀기다 9 shoot → (총을) 쏘다, (골에) 차다, 던지다 10 bend → 구부리다

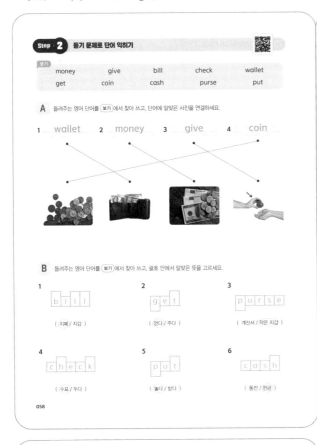

Step 2 듣기 문제로 단어 익히기

[보기]
| money | give | bill | check | wallet |
| get | coin | cash | purse | put |

A 들려주는 영어 단어를 [보기]에서 찾아 쓰고, 단어에 알맞은 사진을 연결하세요.

1 wallet 2 money 3 give 4 coin

B 들려주는 영어 단어를 [보기]에서 찾아 쓰고, 괄호 안에서 알맞은 뜻을 고르세요.

1 b i l l
(지폐 / 지갑)

2 g e t
(얻다 / 주다)

3 p u r s e
(계산서 / 작은 지갑)

4 c h e c k
(수표 / 두다)

5 p u t
(놓다 / 받다)

6 c a s h
(동전 / 현금)

058

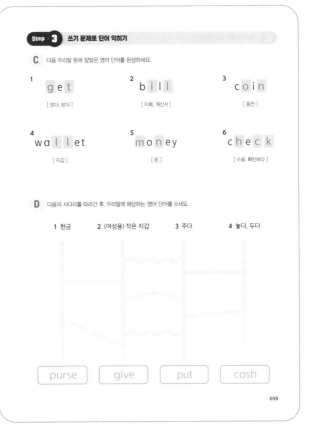

Step 3 쓰기 문제로 단어 익히기

C 다음 우리말 뜻에 알맞은 영어 단어를 완성하세요.

1 g e t
[얻다, 받다]

2 b i l l
[지폐, 계산서]

3 c o i n
[동전]

4 w a l l e t
[지갑]

5 m o n e y
[돈]

6 c h e c k
[수표; 확인하다]

D 다음의 사다리를 따라간 후, 우리말에 해당하는 영어 단어를 쓰세요.

1 현금 2 (여성용) 작은 지갑 3 주다 4 놓다, 두다

purse give put cash

059

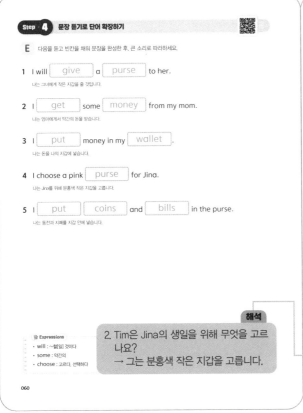

Step 4 문장 듣기로 단어 확장하기

E 다음을 듣고 빈칸을 채워 문장을 완성한 후, 큰 소리로 따라하세요.

1 I will give a purse to her.
나는 그녀에게 작은 지갑을 줄 것입니다.

2 I get some money from my mom.
나는 엄마에게서 약간의 돈을 받습니다.

3 I put money in my wallet .
나는 돈을 나의 지갑에 넣습니다.

4 I choose a pink purse for Jina.
나는 Jina를 위해 분홍색 작은 지갑을 고릅니다.

5 I put coins and bills in the purse.
나는 동전과 지폐를 지갑 안에 넣습니다.

📖 Expressions
• will : ~할[일] 것이다
• some : 약간의
• choose : 고르다, 선택하다

[해석]
2. Tim은 Jina의 생일을 위해 무엇을 고르나요?
→ 그는 분홍색 작은 지갑을 고릅니다.

060

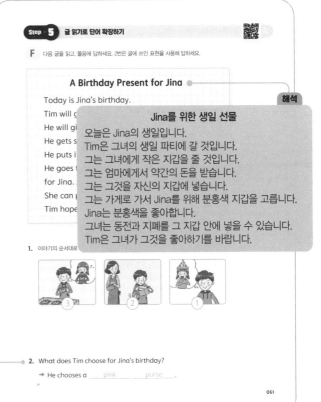

Step 5 글 읽기로 단어 확장하기

F 다음 글을 읽고, 물음에 답하세요. 2번은 글에 쓰인 표현을 사용해 답하세요.

A Birthday Present for Jina

Today is Jina's birthday.
Tim will g
He will gi
He gets s
He puts i
He goes
for Jina.
She can p
Tim hope

[해석]
Jina를 위한 생일 선물
오늘은 Jina의 생일입니다.
Tim은 그녀의 생일 파티에 갈 것입니다.
그는 그녀에게 작은 지갑을 줄 것입니다.
그는 엄마에게서 약간의 돈을 받습니다.
그는 그것을 자신의 지갑에 넣습니다.
그는 가게로 가서 Jina를 위해 분홍색 지갑을 고릅니다.
Jina는 분홍색을 좋아합니다.
그녀는 동전과 지폐를 그 지갑 안에 넣을 수 있습니다.
Tim은 그녀가 그것을 좋아하기를 바랍니다.

1. 이야기의 순서대로

3 2 1

2. What does Tim choose for Jina's birthday?
→ He chooses a pink purse .

061

Quick Check

1 get → 얻다, 받다 2 check → 수표; 확인하다 3 wallet → 지갑 4 coin → 동전 5 money → 돈

6 give → 주다 7 cash → 현금 8 put → 놓다, 두다 9 purse → (여성용) 작은 지갑 10 bill → 지폐, 계산서

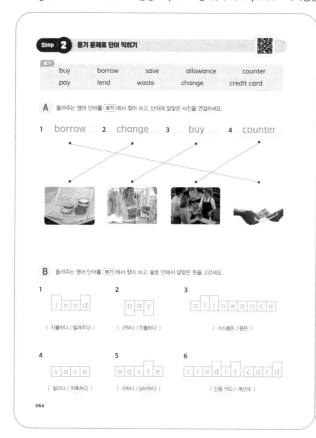

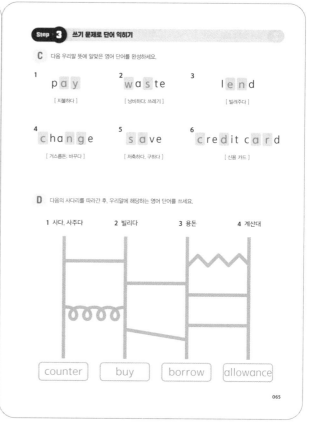

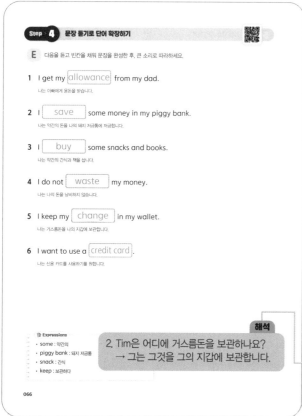

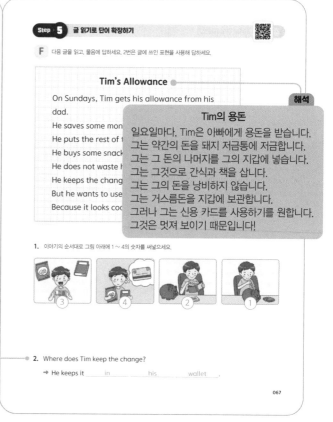

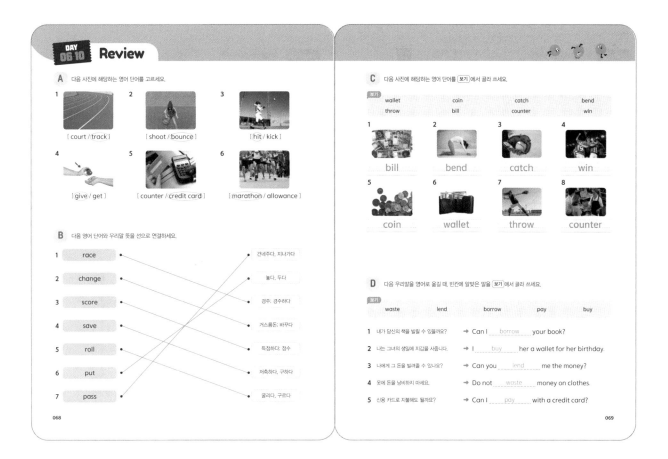

DAY 06·10 Review

A 다음 사진에 해당하는 영어 단어를 고르세요.

1 [court / **track**]
2 [shoot / **bounce**]
3 [**hit** / kick]
4 [give / **get**]
5 [**counter** / credit card]
6 [**marathon** / allowance]

B 다음 영어 단어와 우리말 뜻을 선으로 연결하세요.

1 race · · 건네주다, 지나가다
2 change · · 놓다, 두다
3 score · · 경주; 경주하다
4 save · · 거스름돈; 바꾸다
5 roll · · 득점하다; 점수
6 put · · 저축하다, 구하다
7 pass · · 굴리다, 구르다

C 다음 사진에 해당하는 영어 단어를 보기에서 골라 쓰세요.

보기
wallet   coin   catch   bend
throw   bill   counter   win

1 bill
2 bend
3 catch
4 win
5 coin
6 wallet
7 throw
8 counter

D 다음 우리말을 영어로 옮길 때, 빈칸에 알맞은 말을 보기에서 골라 쓰세요.

보기
waste   lend   borrow   pay   buy

1 내가 당신의 책을 빌릴 수 있을까요? → Can I _borrow_ your book?
2 나는 그녀의 생일에 지갑을 사줍니다. → I _buy_ her a wallet for her birthday.
3 나에게 그 돈을 빌려줄 수 있나요? → Can you _lend_ me the money?
4 옷에 돈을 낭비하지 마세요. → Do not _waste_ money on clothes.
5 신용 카드로 지불해도 될까요? → Can I _pay_ with a credit card?

068   069

Quick Check

1 pay → 지불하다 2 lend → 빌려주다 3 change → 거스름돈; 바꾸다 4 counter → 계산대 5 waste → 낭비하다; 쓰레기

6 credit card → 신용 카드 7 buy → 사다, 사주다 8 borrow → 빌리다 9 allowance → 용돈 10 save → 저축하다, 구하다

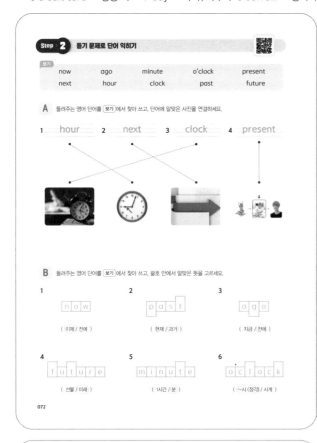

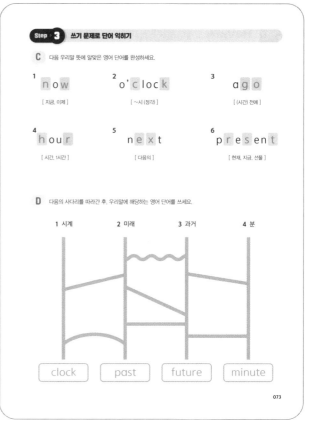

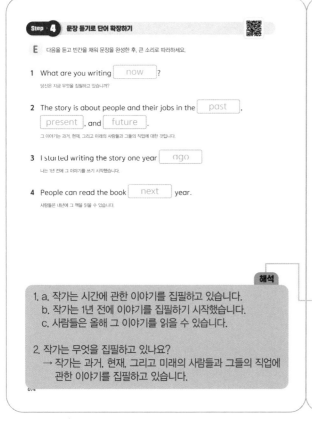

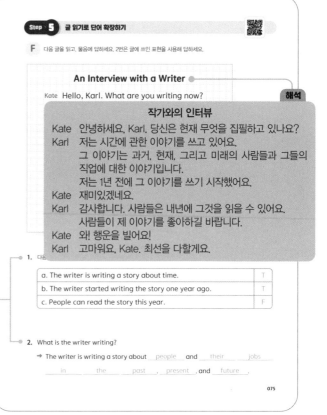

DAY 12

Quick Check

1 clock → 시계 2 hour → 시간, 1시간 3 ago → (시간) 전에 4 next → 다음의 5 future → 미래

6 past → 과거 7 o'clock → ~시 (정각) 8 minute → 분 9 present → 현재, 지금, 선물 10 now → 지금, 이제

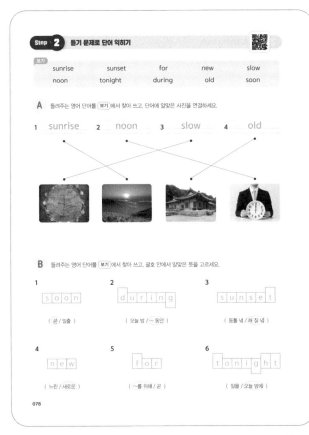

Step 2 듣기 문제로 단어 익히기

보기
sunrise	sunset	for	new	slow
noon	tonight	during	old	soon

A 들려주는 영어 단어를 보기에서 찾아 쓰고, 단어에 알맞은 사진을 연결하세요.

1 sunrise 2 noon 3 slow 4 old

B 들려주는 영어 단어를 보기에서 찾아 쓰고, 괄호 안에서 알맞은 뜻을 고르세요.

1 s o o n (곧 / 일출)
2 d u r i n g (오늘 밤 / ~ 동안)
3 s u n s e t (동틀 녘 / 해질 녘)
4 n e w (느린 / 새로운)
5 f o r (~를 위해 / 곧)
6 t o n i g h t (일몰 / 오늘 밤에)

078

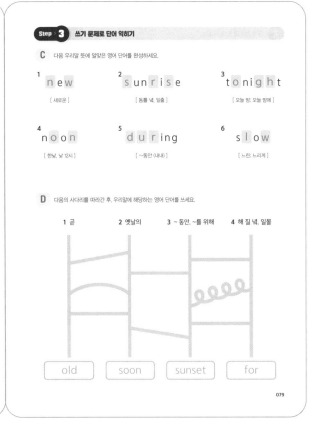

Step 3 쓰기 문제로 단어 익히기

C 다음 우리말 뜻에 알맞은 영어 단어를 완성하세요.

1 n e w [새로운]
2 s u n r i s e [동틀 녘, 일출]
3 t o n i g h t [오늘 밤; 오늘 밤에]
4 n o o n [한낮, 낮 12시]
5 d u r i n g [~동안 (내내)]
6 s l o w [느린; 느리게]

D 다음의 사다리를 따라간 후, 우리말에 해당하는 영어 단어를 쓰세요.

1 곧   2 옛날의   3 ~ 동안, ~를 위해   4 해질 녘, 일물

| old | soon | sunset | for |

079

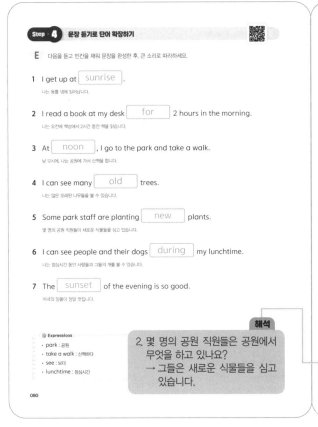

Step 4 문장 듣기로 단어 확장하기

E 다음을 듣고 빈칸을 채워 문장을 완성한 후, 큰 소리로 따라하세요.

1 I get up at sunrise .
나는 동틀 녘에 일어납니다.

2 I read a book at my desk for 2 hours in the morning.
나는 오전에 책상에서 2시간 동안 책을 읽습니다.

3 At noon , I go to the park and take a walk.
낮 12시에, 나는 공원에 가서 산책을 합니다.

4 I can see many old trees.
나는 많은 오래된 나무들을 볼 수 있습니다.

5 Some park staff are planting new plants.
몇 명의 공원 직원들이 새로운 식물을 심고 있습니다.

6 I can see people and their dogs during my lunchtime.
나는 점심시간 동안 사람들과 그들의 개를 볼 수 있습니다.

7 The sunset of the evening is so good.
저녁의 일물이 정말 멋집니다.

Expressions
· park : 공원
· take a walk : 산책하다
· see : 보다
· lunchtime : 점심시간

2. 몇 명의 공원 직원들은 공원에서 무엇을 하고 있나요?
→ 그들은 새로운 식물들을 심고 있습니다.

080

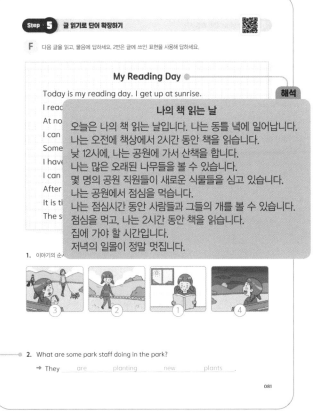

Step 5 글 읽기로 단어 확장하기

F 다음 글을 읽고, 물음에 답하세요. 2번은 글에 쓰인 표현을 사용해 답하세요.

My Reading Day

Today is my reading day. I get up at sunrise.
I read
At noon
I can
Some
I have
I can
After
It is ti
The s

해석

나의 책 읽는 날

오늘은 나의 책 읽는 날입니다. 나는 동틀 녘에 일어납니다.
나는 오전에 책상에서 2시간 동안 책을 읽습니다.
낮 12시에, 나는 공원에 가서 산책을 합니다.
나는 많은 오래된 나무들을 볼 수 있습니다.
몇 명의 공원 직원들이 새로운 식물들을 심고 있습니다.
나는 공원에서 점심을 먹습니다.
나는 점심시간 동안 사람들과 그들의 개를 볼 수 있습니다.
점심을 먹고, 나는 2시간 동안 책을 읽습니다.
집에 가야 할 시간입니다.
저녁의 일물이 정말 멋집니다.

1. 이야기의 순서

3 2 1 4

2. What are some park staff doing in the park?
→ They are planting new plants.

081

DAY 13

Quick Check

1 slow → 느린; 느리게 2 during → ~ 동안 (내내) 3 new → 새로운 4 tonight → 오늘 밤; 오늘 밤에 5 sunset → 해 질 녁, 일몰

6 noon → 한낮, 낮 12시 7 soon → 곧 8 old → 옛날의 9 sunrise → 동틀 녁, 일출 10 for → ~ 동안, ~를 위해

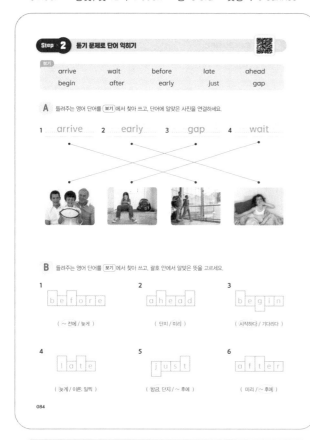

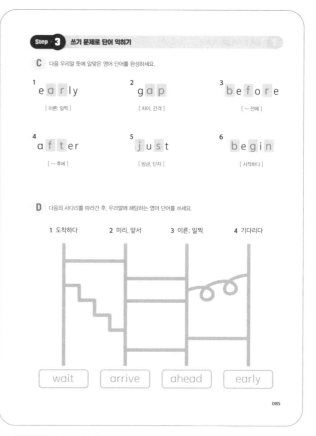

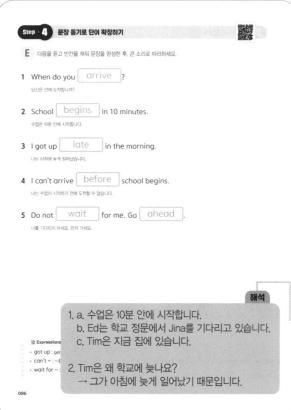

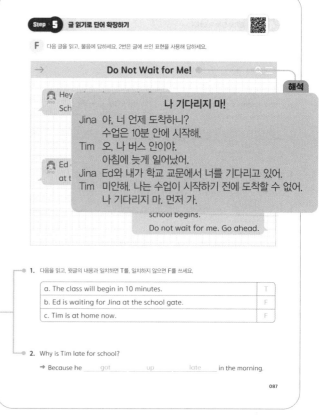

DAY 14

Quick Check

1 late → 늦은; 늦게 2 before → ~ 전에 3 after → ~ 후에 4 wait → 기다리다 5 just → 방금, 단지
6 gap → 차이, 간격 7 ahead → 미리, 앞서, 앞으로 8 begin → 시작하다 9 arrive → 도착하다 10 early → 이른; 일찍

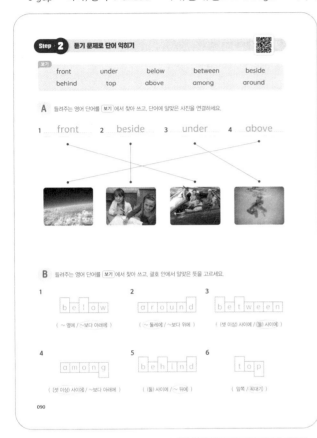

Step 2 듣기 문제로 단어 익히기

보기
| front | under | below | between | beside |
| behind | top | above | among | around |

A 들려주는 영어 단어를 보기 에서 찾아 쓰고, 단어에 알맞은 사진을 연결하세요.

1 front 2 beside 3 under 4 above

B 들려주는 영어 단어를 보기 에서 찾아 쓰고, 괄호 안에서 알맞은 뜻을 고르세요.

1 b e l o w
(~ 옆에 / ~보다 아래에)

2 a r o u n d
(~ 둘레에 / ~보다 위에)

3 b e t w e e n
((셋 이상) 사이에 / (둘) 사이에)

4 a m o n g
((셋 이상) 사이에 / ~보다 아래에)

5 b e h i n d
((둘) 사이에 / ~ 뒤에)

6 t o p
(앞쪽 / 꼭대기)

090

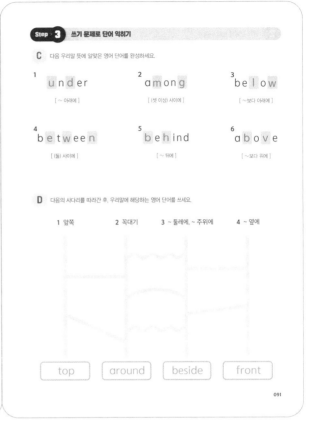

Step 3 쓰기 문제로 단어 익히기

C 다음 우리말 뜻에 알맞은 영어 단어를 완성하세요.

1 u n d e r
[~ 아래에]

2 a m o n g
[(셋 이상) 사이에]

3 b e l o w
[~보다 아래에]

4 b e t w e e n
[(둘) 사이에]

5 b e h i n d
[~ 뒤에]

6 a b o v e
[~보다 위에]

D 다음의 사다리를 따라간 후, 우리말에 해당하는 영어 단어를 쓰세요.

1 앞쪽 2 꼭대기 3 ~ 둘레에, ~ 주위에 4 ~ 옆에

| top | around | beside | front |

091

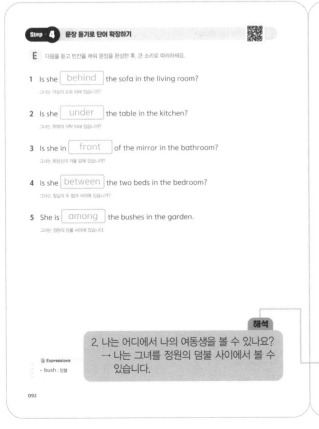

Step 4 문장 듣기로 단어 확장하기

E 다음을 듣고 빈칸을 채워 문장을 완성한 후, 큰 소리로 따라하세요.

1 Is she behind the sofa in the living room?
그녀는 거실의 소파 뒤에 있습니까?

2 Is she under the table in the kitchen?
그녀는 부엌의 식탁 아래에 있습니까?

3 Is she in front of the mirror in the bathroom?
그녀는 화장실의 거울 앞에 있습니까?

4 Is she between the two beds in the bedroom?
그녀는 침실의 두 침대 사이에 있습니까?

5 She is among the bushes in the garden.
그녀는 정원의 덤불 사이에 있습니다.

해석
2. 나는 어디에서 나의 여동생을 볼 수 있나요?
→ 나는 그녀를 정원의 덤불 사이에서 볼 수 있습니다.

☺ Expressions
· bush : 덤불

092

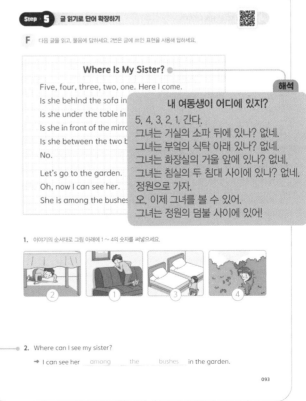

Step 5 글 읽기로 단어 확장하기

F 다음 글을 읽고, 물음에 답하세요. 2번은 글에 쓰인 표현을 사용해 답하세요.

Where Is My Sister?

Five, four, three, two, one. Here I come.
Is she behind the sofa in ...
Is she under the table in ...
Is she in front of the mirror ...
Is she between the two b...
No.
Let's go to the garden.
Oh, now I can see her.
She is among the bushes...

해석
내 여동생이 어디에 있지?
5, 4, 3, 2, 1. 간다.
그녀는 거실의 소파 뒤에 있나? 없네.
그녀는 부엌의 식탁 아래 있나? 없네.
그녀는 화장실의 거울 앞에 있나? 없네.
그녀는 침실의 두 침대 사이에 있나? 없네.
정원으로 가자.
오, 이제 그녀를 볼 수 있어.
그녀는 정원의 덤불 사이에 있어!

1. 이야기의 순서대로 그림 아래에 1~4의 숫자를 써넣으세요.

② ① ③ ④

2. Where can I see my sister?
→ I can see her among the bushes in the garden.

093

Quick Check
1 above → ~보다 위에 2 around → ~ 둘레에, ~ 주위에 3 top → 꼭대기 4 between → (둘) 사이에 5 under → ~ 아래에

6 among → (셋 이상) 사이에 7 below → ~보다 아래에 8 behind → ~ 뒤에 9 front → 앞쪽 10 beside → ~ 옆에

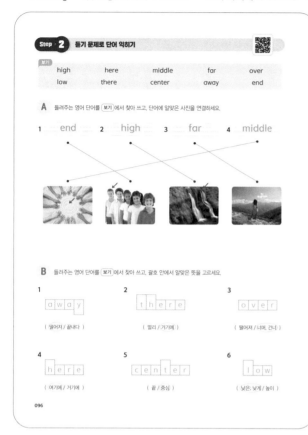

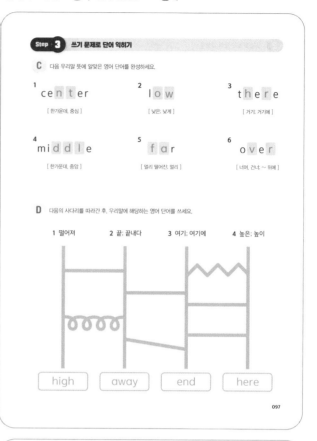

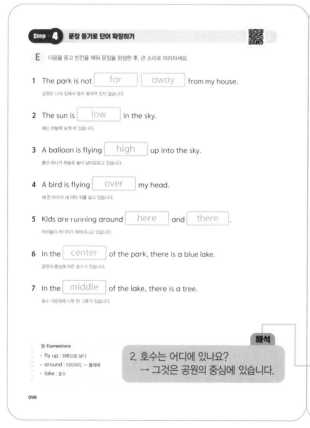

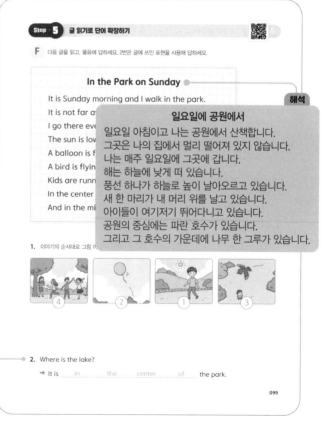

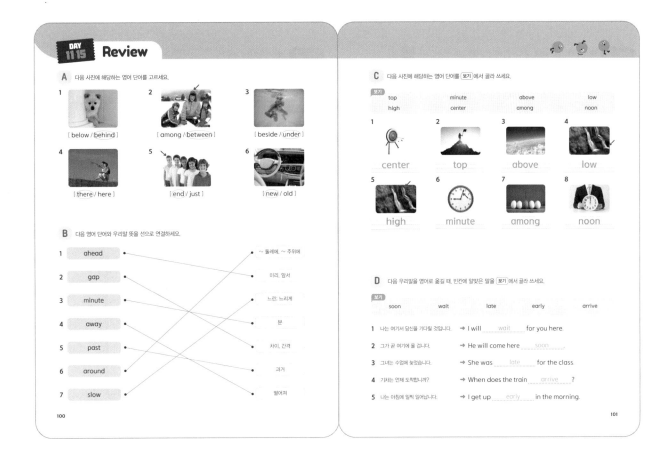

A 다음 사진에 해당하는 영어 단어를 고르세요.

1 [below / behind]

2 [among / between]

3 [beside / under]

4 [there / here]

5 [end / just]

6 [new / old]

B 다음 영어 단어와 우리말 뜻을 선으로 연결하세요.

1 ahead   • ~ 둘레에, ~ 주위에

2 gap   • 미리, 앞서

3 minute   • 느린; 느리게

4 away   • 분

5 past   • 차이, 간격

6 around   • 과거

7 slow   • 떨어져

C 다음 사진에 해당하는 영어 단어를 보기 에서 골라 쓰세요.

보기
top   minute   above   low
high   center   among   noon

1 center

2 top

3 above

4 low

5 high

6 minute

7 among

8 noon

D 다음 우리말을 영어로 옮길 때, 빈칸에 알맞은 말을 보기 에서 골라 쓰세요.

보기
soon   wait   late   early   arrive

1 나는 여기서 당신을 기다릴 것입니다. → I will ___wait___ for you here.

2 그가 곧 여기에 올 겁니다. → He will come here ___soon___.

3 그녀는 수업에 늦었습니다. → She was ___late___ for the class.

4 기차는 언제 도착합니까? → When does the train ___arrive___ ?

5 나는 아침에 일찍 일어납니다. → I get up ___early___ in the morning.

100

101

Quick Check
1 here → 여기; 여기에 2 center → 한가운데, 중심 3 end → 끝; 끝내다 4 there → 거기; 거기에 5 far → 멀리 떨어진; 멀리
6 away → 떨어져 7 high → 높은; 높이 8 low → 낮은; 낮게 9 middle → 한가운데, 중앙 10 over → 너머, 건너; ~ 위에

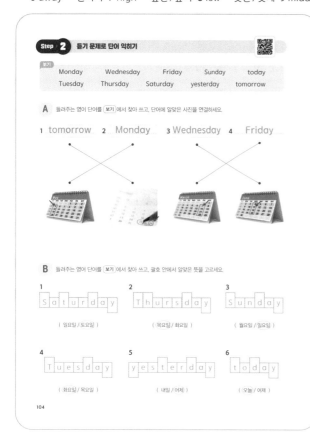

Step 2 듣기 문제로 단어 익히기

보기

| Monday | Wednesday | Friday | Sunday | today |
| Tuesday | Thursday | Saturday | yesterday | tomorrow |

A 들려주는 영어 단어를 보기 에서 찾아 쓰고, 단어에 알맞은 사진을 연결하세요.

1 tomorrow   2 Monday   3 Wednesday   4 Friday

B 들려주는 영어 단어를 보기 에서 찾아 쓰고, 괄호 안에서 알맞은 뜻을 고르세요.

1 S a t u r d a y
(일요일 / 토요일)

2 T h u r s d a y
(목요일 / 화요일)

3 S u n d a y
(월요일 / 일요일)

4 T u e s d a y
(화요일 / 목요일)

5 y e s t e r d a y
(내일 / 어제)

6 t o d a y
(오늘 / 어제)

104

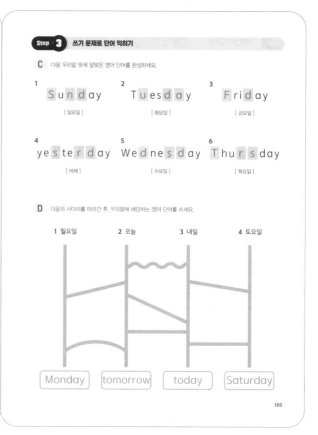

Step 3 쓰기 문제로 단어 익히기

C 다음 우리말 뜻에 알맞은 영어 단어를 완성하세요.

1 S u n d a y
[일요일]

2 T u e s d a y
[화요일]

3 F r i d a y
[금요일]

4 y e s t e r d a y
[어제]

5 W e d n e s d a y
[수요일]

6 T h u r s d a y
[목요일]

D 다음의 사다리를 따라간 후, 우리말에 해당하는 영어 단어를 쓰세요.

1 월요일   2 오늘   3 내일   4 토요일

| Monday | tomorrow | today | Saturday |

105

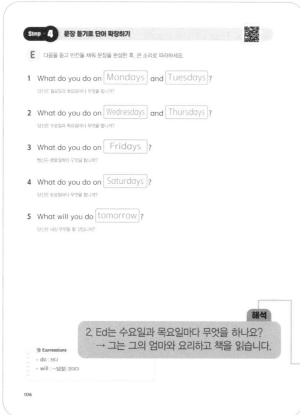

Step 4 문장 듣기로 단어 확장하기

E 다음을 듣고 빈칸을 채워 문장을 완성한 후, 큰 소리로 따라하세요.

1 What do you do on Mondays and Tuesdays ?
당신은 월요일과 화요일마다 무엇을 합니까?

2 What do you do on Wednesdays and Thursdays ?
당신은 수요일과 목요일마다 무엇을 합니까?

3 What do you do on Fridays ?
당신은 금요일마다 무엇을 합니까?

4 What do you do on Saturdays ?
당신은 토요일마다 무엇을 합니까?

5 What will you do tomorrow ?
당신은 내일 무엇을 할 것입니까?

해석
2. Ed는 수요일과 목요일마다 무엇을 하나요?
→ 그는 그의 엄마와 요리하고 책을 읽습니다.

⊞ Expressions
· do : 하다
· will : ~일(할) 것이다

106

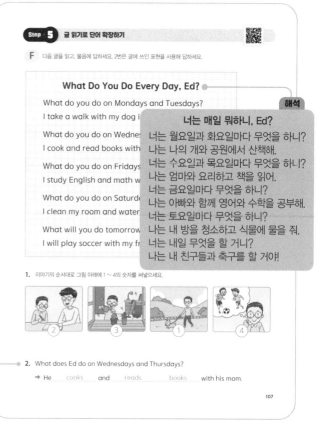

Step 5 글 읽기로 단어 확장하기

F 다음 글을 읽고, 물음에 답하세요. 2번은 글에 쓰인 표현을 사용해 답하세요.

What Do You Do Every Day, Ed?

What do you do on Mondays and Tuesdays?
I take a walk with my dog i

What do you do on Wednes
I cook and read books with

What do you do on Fridays
I study English and math w

What do you do on Saturde
I clean my room and water

What will you do tomorrow
I will play soccer with my fr

해석
너는 매일 뭐하니, Ed?
너는 월요일과 화요일마다 무엇을 하니?
나는 나의 개와 공원에서 산책해.
너는 수요일과 목요일마다 무엇을 하니?
나는 엄마와 요리하고 책을 읽어.
너는 금요일마다 무엇을 하니?
나는 아빠와 함께 영어와 수학을 공부해.
너는 토요일마다 무엇을 하니?
나는 내 방을 청소하고 식물에 물을 줘.
너는 내일 무엇을 할 거니?
나는 내 친구들과 축구를 할 거야!

1. 이야기의 순서대로 그림 아래에 1 ~ 4의 숫자를 써넣으세요.

② ③ ① ④

2. What does Ed do on Wednesdays and Thursdays?
→ He   cooks   and   reads   books   with his mom.

107

DAY 17

Quick Check
1 Friday → 금요일 2 Sunday → 일요일 3 Tuesday → 화요일 4 yesterday → 어제 5 tomorrow → 내일

6 Thursday → 목요일 7 Monday → 월요일 8 Saturday → 토요일 9 today → 오늘 10 Wednesday → 수요일

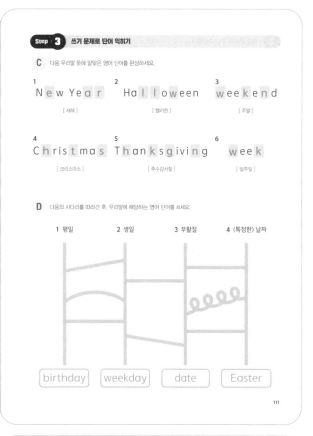

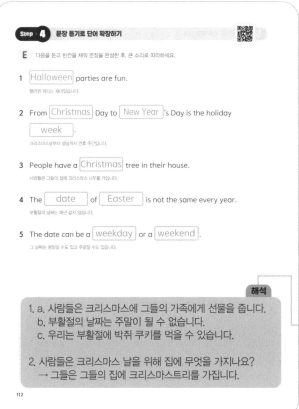

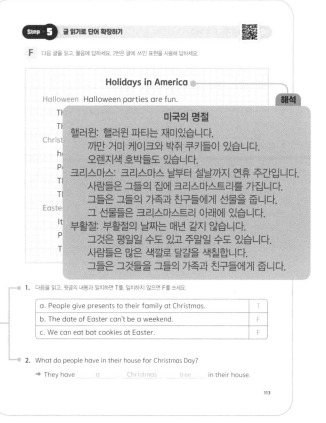

Quick Check

1 New Year → 새해 2 Easter → 부활절 3 date → (특정한) 날짜 4 week → 일주일 5 Thanksgiving → 추수감사절

6 weekend → 주말 7 Christmas → 크리스마스 8 weekday → 평일 9 birthday → 생일 10 Halloween → 핼러윈

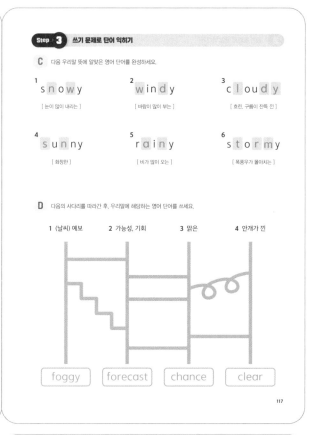

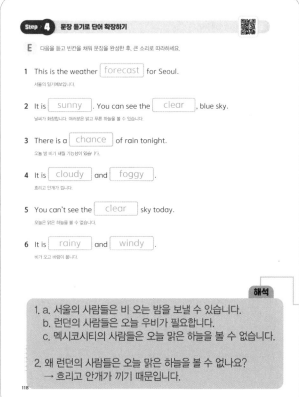

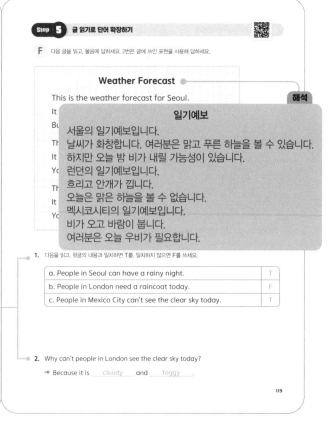

DAY 19

Quick Check
1 sunny → 화창한 2 foggy → 안개가 낀 3 rainy → 비가 많이 오는 4 clear → 맑은 5 windy → 바람이 많이 부는 6 chance → 가능성, 기회
7 forecast → (날씨) 예보 8 cloudy → 흐린, 구름이 잔뜩 낀 9 stormy → 폭풍우가 몰아치는 10 snowy → 눈이 많이 내리는

Step 2 듣기 문제로 단어 익히기

보기
| cold | warm | dry | snow | cover |
| hot | cool | snowman | wind | blow |

A 들려주는 영어 단어를 보기 에서 찾아 쓰고, 단어에 알맞은 사진을 연결하세요.

1 dry 2 cold 3 snow 4 blow

B 들려주는 영어 단어를 보기 에서 찾아 쓰고, 괄호 안에서 알맞은 뜻을 고르세요.

1 c o v e r (덮다 / 말리다)
2 c o o l (시원한 / 바람)
3 w i n d (덮다 / 바람)
4 w a r m (매운 / 따뜻한)
5 s n o w m a n (눈사람 / 눈이 오다)
6 h o t (더운 / 감기)

122

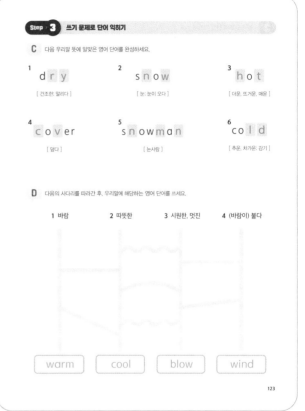

Step 3 쓰기 문제로 단어 익히기

C 다음 우리말 뜻에 알맞은 영어 단어를 완성하세요.

1 d r y [건조한, 말리다]
2 s n o w [눈; 눈이 오다]
3 h o t [더운, 뜨거운, 매운]
4 c o v e r [덮다]
5 s n o w m a n [눈사람]
6 c o l d [추운, 차가운; 감기]

D 다음의 사다리를 따라간 후, 우리말에 해당하는 영어 단어를 쓰세요.

1 바람 2 따뜻한 3 시원한, 멋진 4 (바람이) 불다

| warm | cool | blow | wind |

123

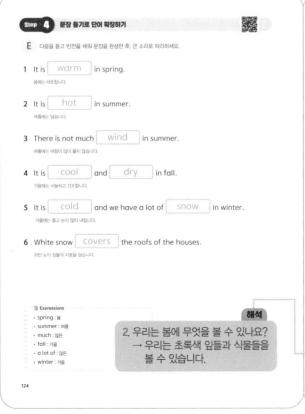

Step 4 문장 듣기로 단어 확장하기

E 다음을 듣고 빈칸을 채워 문장을 완성한 후, 큰 소리로 따라하세요.

1 It is **warm** in spring.
봄에는 따뜻합니다.

2 It is **hot** in summer.
여름에는 덥습니다.

3 There is not much **wind** in summer.
여름에는 바람이 많이 불지 않습니다.

4 It is **cool** and **dry** in fall.
가을에는 서늘하고 건조합니다.

5 It is **cold** and we have a lot of **snow** in winter.
겨울에는 춥고 눈이 많이 내립니다.

6 White snow **covers** the roofs of the houses.
하얀 눈이 집들의 지붕을 덮습니다.

Expressions
· spring : 봄
· summer : 여름
· much : 많은
· fall : 가을
· a lot of : 많은
· winter : 겨울

해석
2. 우리는 봄에 무엇을 볼 수 있나요?
→ 우리는 초록색 잎들과 식물들을 볼 수 있습니다.

124

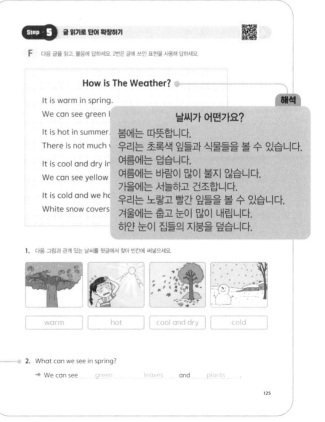

Step 5 글 읽기로 단어 확장하기

F 다음 글을 읽고 물음에 답하세요. 2번은 글에 쓰인 표현을 사용해 답하세요.

How is The Weather?

It is warm in spring.
We can see green l...
It is hot in summer.
There is not much w...
It is cool and dry in...
We can see yellow...
It is cold and we ho...
White snow covers...

해석
날씨가 어떤가요?
봄에는 따뜻합니다.
우리는 초록색 잎들과 식물들을 볼 수 있습니다.
여름에는 덥습니다.
여름에는 바람이 많이 불지 않습니다.
가을에는 서늘하고 건조합니다.
우리는 노랗고 빨간 잎들을 볼 수 있습니다.
겨울에는 춥고 눈이 많이 내립니다.
하얀 눈이 집들의 지붕을 덮습니다.

1. 다음 그림과 관계 있는 날씨를 윗글에서 찾아 빈칸에 써넣으세요.

| warm | hot | cool and dry | cold |

2. What can we see in spring?
→ We can see **green** **leaves** and **plants**.

125

Quick Check

1 hot → 더운, 뜨거운, 매운 2 snow → 눈; 눈이 오다 3 wind → 바람 4 cool → 시원한, 멋진 5 cold → 추운, 차가운; 감기

6 blow → (바람이) 불다 7 warm → 따뜻한 8 dry → 건조한; 말리다 9 snowman → 눈사람 10 cover → 덮다

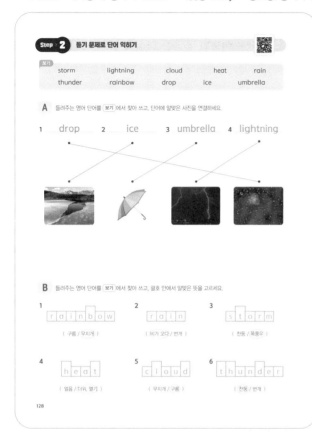

Step 2 듣기 문제로 단어 익히기

보기

| storm | lightning | cloud | heat | rain |
| thunder | rainbow | drop | ice | umbrella |

A 들려주는 영어 단어를 보기 에서 찾아 쓰고, 단어에 알맞은 사진을 연결하세요.

1 drop   2 ice   3 umbrella   4 lightning

B 들려주는 영어 단어를 보기 에서 찾아 쓰고, 괄호 안에서 알맞은 뜻을 고르세요.

1 r a i n b o w
(구름 / 무지개)

2 r a i n
(비가 오다 / 번개)

3 s t o r m
(천둥 / 폭풍우)

4 h e a t
(얼음 / 더위, 열기)

5 c l o u d
(무지개 / 구름)

6 t h u n d e r
(천둥 / 번개)

128

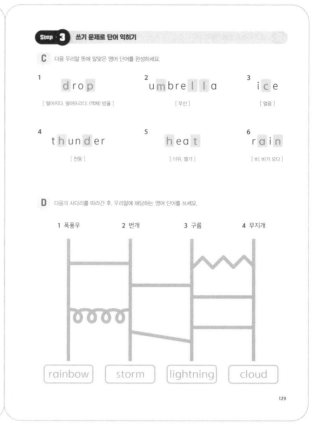

Step 3 쓰기 문제로 단어 익히기

C 다음 우리말 뜻에 알맞은 영어 단어를 완성하세요.

1 d r o p
[떨어지다, 떨어뜨리다; (액체) 방울]

2 u m b r e l l a
[우산]

3 i c e
[얼음]

4 t h u n d e r
[천둥]

5 h e a t
[더위, 열기]

6 r a i n
[비; 비가 오다]

D 다음의 사다리를 따라간 후, 우리말에 해당하는 영어 단어를 쓰세요.

1 폭풍우   2 번개   3 구름   4 무지개

| rainbow | storm | lightning | cloud |

129

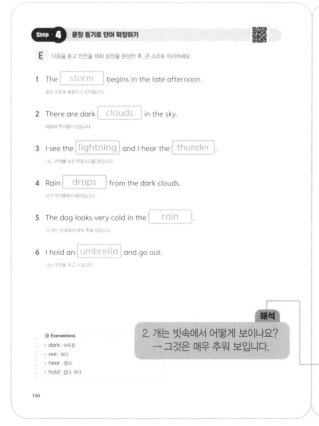

Step 4 문장 듣기로 단어 확장하기

E 다음을 듣고 빈칸을 채워 문장을 완성한 후, 큰 소리로 따라하세요.

1 The [storm] begins in the late afternoon.
늦은 오후에 폭풍우가 시작됩니다.

2 There are dark [clouds] in the sky.
하늘에 먹구름이 있습니다.

3 I see the [lightning] and I hear the [thunder].
나는 번개를 보고 천둥소리를 듣습니다.

4 Rain [drops] from the dark clouds.
비가 먹구름에서 떨어집니다.

5 The dog looks very cold in the [rain].
그 개는 빗속에서 매우 추워 보입니다.

6 I hold an [umbrella] and go out.
나는 우산을 쥐고 나갑니다.

해석
2. 개는 빗속에서 어떻게 보이나요?
→ 그것은 매우 추워 보입니다.

Expressions
• dark : 어두운
• see : 보다
• hear : 듣다
• hold : 잡다, 쥐다

130

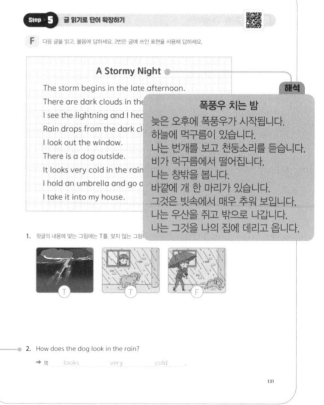

Step 5 글 읽기로 단어 확장하기

F 다음 글을 읽고, 물음에 답하세요. 2번은 글에 쓰인 표현을 사용해 답하세요.

A Stormy Night

The storm begins in the late afternoon.

There are dark clouds in the

I see the lightning and I hea

Rain drops from the dark cl

I look out the window.

There is a dog outside.

It looks very cold in the rai

I hold an umbrella and go o

I take it into my house.

해석
폭풍우 치는 밤
늦은 오후에 폭풍우가 시작됩니다.
하늘에 먹구름이 있습니다.
나는 번개를 보고 천둥소리를 듣습니다.
비가 먹구름에서 떨어집니다.
나는 창밖을 봅니다.
바깥에 개 한 마리가 있습니다.
그것은 빗속에서 매우 추워 보입니다.
나는 우산을 쥐고 밖으로 나갑니다.
나는 그것을 나의 집에 데리고 옵니다.

1. 윗글의 내용에 맞는 그림에는 T를, 맞지 않는 그림

T   T   F

2. How does the dog look in the rain?
→ It   looks   very   cold

131

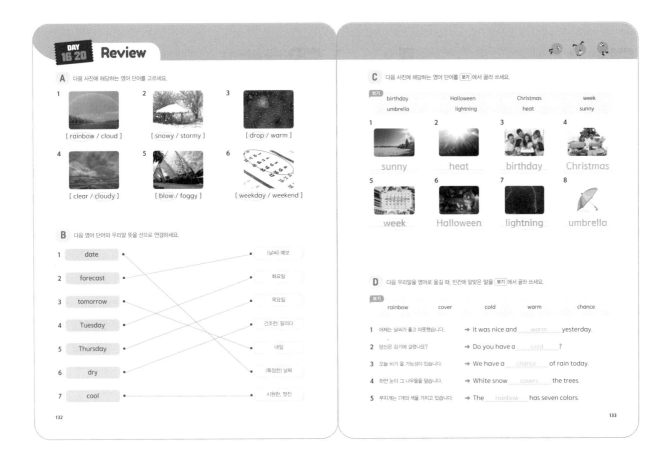

DAY 16 20 Review

A 다음 사진에 해당하는 영어 단어를 고르세요.

1 [rainbow / cloud]

2 [snowy / stormy]

3 [drop / warm]

4 [clear / cloudy]

5 [blow / foggy]

6 [weekday / weekend]

B 다음 영어 단어와 우리말 뜻을 선으로 연결하세요.

1 date · · (날씨) 예보
2 forecast · · 화요일
3 tomorrow · · 목요일
4 Tuesday · · 건조한, 말리다
5 Thursday · · 내일
6 dry · · (특정한) 날짜
7 cool · · 시원한, 멋진

C 다음 사진에 해당하는 영어 단어를 보기 에서 골라 쓰세요.

보기
birthday   Halloween   Christmas   week
umbrella   lightning   heat   sunny

1 sunny
2 heat
3 birthday
4 Christmas
5 week
6 Halloween
7 lightning
8 umbrella

D 다음 우리말을 영어로 옮길 때, 빈칸에 알맞은 말을 보기 에서 골라 쓰세요.

보기
rainbow   cover   cold   warm   chance

1 어제는 날씨가 좋고 따뜻했습니다. → It was nice and __warm__ yesterday.
2 당신은 감기에 걸렸나요? → Do you have a __cold__ ?
3 오늘 비가 올 가능성이 있습니다. → We have a __chance__ of rain today.
4 하얀 눈이 그 나무들을 덮습니다. → White snow __covers__ the trees.
5 무지개는 7개의 색을 가지고 있습니다. → The __rainbow__ has seven colors.

132

133

DAY 21

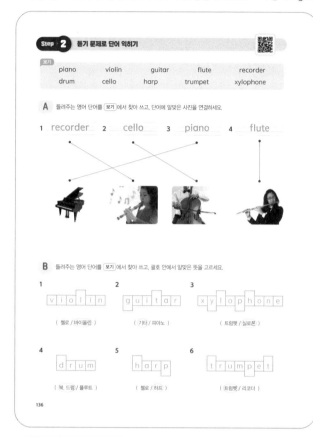

Step 2 듣기 문제로 단어 익히기

보기

| piano | violin | guitar | flute | recorder |
| drum | cello | harp | trumpet | xylophone |

A 들려주는 영어 단어를 보기에서 찾아 쓰고, 단어에 알맞은 사진을 연결하세요.

1 recorder 2 cello 3 piano 4 flute

B 들려주는 영어 단어를 보기에서 찾아 쓰고, 괄호 안에서 알맞은 뜻을 고르세요.

1 v i o l i n
(첼로 / 바이올린)

2 g u i t a r
(기타 / 피아노)

3 x y l o p h o n e
(트럼펫 / 실로폰)

4 d r u m
(북, 드럼 / 플루트)

5 h a r p
(첼로 / 하프)

6 t r u m p e t
(트럼펫 / 리코더)

136

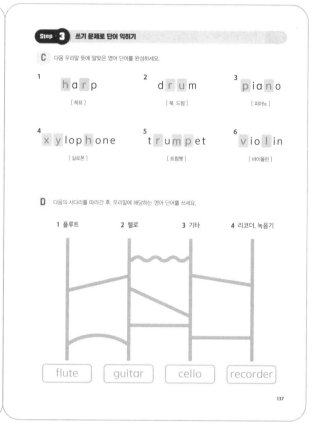

Step 3 쓰기 문제로 단어 익히기

C 다음 우리말 뜻에 알맞은 영어 단어를 완성하세요.

1 h a r p
[하프]

2 d r u m
[북, 드럼]

3 p i a n o
[피아노]

4 x y l o p h o n e
[실로폰]

5 t r u m p e t
[트럼펫]

6 v i o l i n
[바이올린]

D 다음의 사다리를 따라간 후, 우리말에 해당하는 영어 단어를 쓰세요.

1 플루트 2 첼로 3 기타 4 리코더, 녹음기

flute guitar cello recorder

137

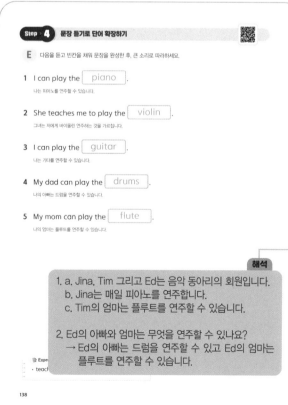

Step 4 문장 듣기로 단어 확장하기

E 다음을 듣고 빈칸을 채워 문장을 완성한 후, 큰 소리로 따라하세요.

1 I can play the piano .
나는 피아노를 연주할 수 있습니다.

2 She teaches me to play the violin .
그녀는 저에게 바이올린 연주하는 것을 가르칩니다.

3 I can play the guitar .
나는 기타를 연주할 수 있습니다.

4 My dad can play the drums .
나의 아빠는 드럼을 연주할 수 있습니다.

5 My mom can play the flute .
나의 엄마는 플루트를 연주할 수 있습니다.

해석

1. a. Jina, Tim 그리고 Ed는 음악 동아리의 회원입니다.
   b. Jina는 매일 피아노를 연주합니다.
   c. Tim의 엄마는 플루트를 연주할 수 있습니다.

2. Ed의 아빠와 엄마는 무엇을 연주할 수 있나요?
   → Ed의 아빠는 드럼을 연주할 수 있고 Ed의 엄마는 플루트를 연주할 수 있습니다.

138

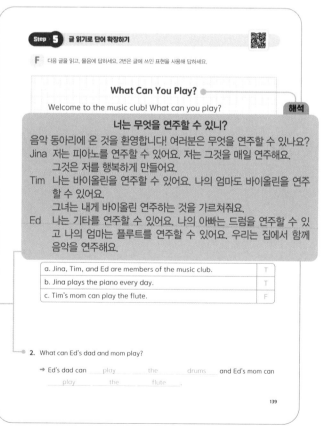

Step 5 글 읽기로 단어 확장하기

F 다음 글을 읽고, 물음에 답하세요. 2번은 글에 쓰인 표현을 사용해 답하세요.

What Can You Play?

Welcome to the music club! What can you play?

해석

너는 무엇을 연주할 수 있니?

음악 동아리에 온 것을 환영합니다! 여러분은 무엇을 연주할 수 있나요?
Jina 저는 피아노를 연주할 수 있어요. 저는 그것을 매일 연주해요. 그것은 저를 행복하게 만들어요.
Tim 나는 바이올린을 연주할 수 있어요. 나의 엄마도 바이올린을 연주할 수 있어요. 그녀는 내게 바이올린 연주하는 것을 가르쳐줘요.
Ed 나는 기타를 연주할 수 있어요. 나의 아빠는 드럼을 연주할 수 있고 나의 엄마는 플루트를 연주할 수 있어요. 우리는 집에서 함께 음악을 연주해요.

a. Jina, Tim, and Ed are members of the music club.	T
b. Jina plays the piano every day.	T
c. Tim's mom can play the flute.	F

2. What can Ed's dad and mom play?

→ Ed's dad can play the drums and Ed's mom can
play the flute .

139

DAY 22

Quick Check

1 piano → 피아노 2 guitar → 기타 3 harp → 하프 4 flute → 플루트 5 cello → 첼로 6 drum → 북, 드럼

7 violin → 바이올린 8 trumpet → 트럼펫 9 recorder → 리코더, 녹음기 10 xylophone → 실로폰

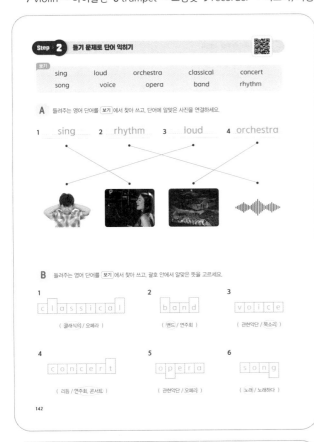

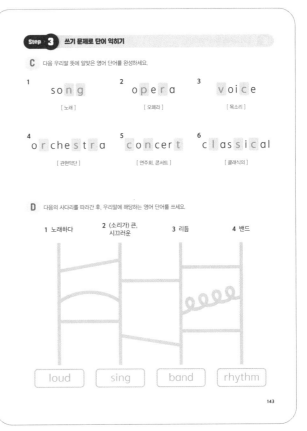

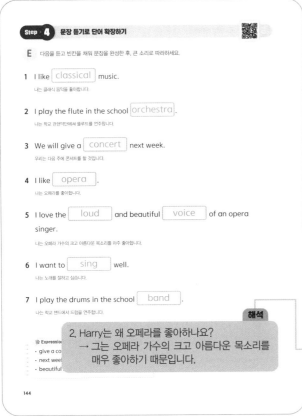

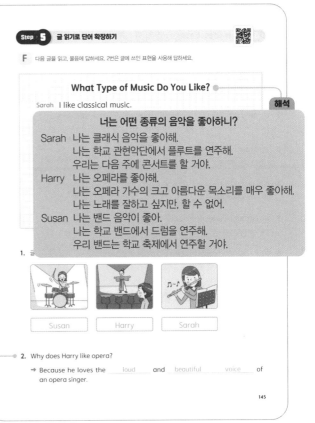

DAY 23

Quick Check

1 sing → 노래하다 2 loud → (소리가) 큰, 시끄러운 3 opera → 오페라 4 voice → 목소리 5 band → 밴드

6 rhythm → 리듬 7 classical → 클래식의 8 song → 노래 9 orchestra → 관현악단 10 concert → 연주회, 콘서트

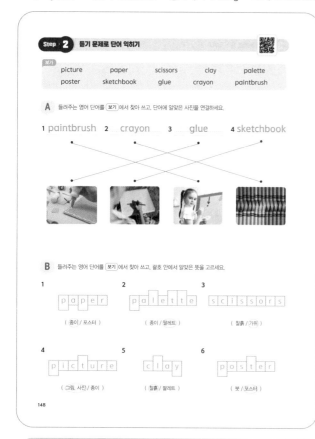

Step 2 듣기 문제로 단어 익히기

보기
| picture | paper | scissors | clay | palette |
| poster | sketchbook | glue | crayon | paintbrush |

A 들려주는 영어 단어를 보기에서 찾아 쓰고, 단어에 알맞은 사진을 연결하세요.

1 paintbrush 2 crayon 3 glue 4 sketchbook

B 들려주는 영어 단어를 보기에서 찾아 쓰고, 괄호 안에서 알맞은 뜻을 고르세요.

1 paper (종이 / 포스터)
2 palette (종이 / 팔레트)
3 scissors (찰흙 / 가위)
4 picture (그림, 사진 / 종이)
5 clay (찰흙 / 팔레트)
6 poster (붓 / 포스터)

148

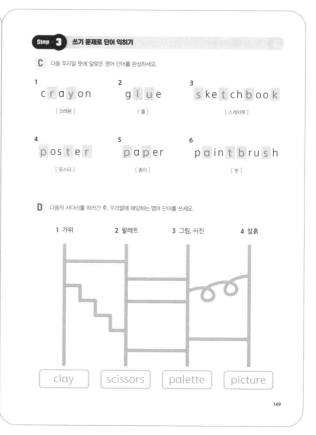

Step 3 쓰기 문제로 단어 익히기

C 다음 우리말 뜻에 알맞은 영어 단어를 완성하세요.

1 crayon [크레용]
2 glue [풀]
3 sketchbook [스케치북]
4 poster [포스터]
5 paper [종이]
6 paintbrush [붓]

D 다음의 사다리를 따라간 후, 우리말에 해당하는 영어 단어를 쓰세요.

1 가위 2 팔레트 3 그림, 사진 4 찰흙

clay scissors palette picture

149

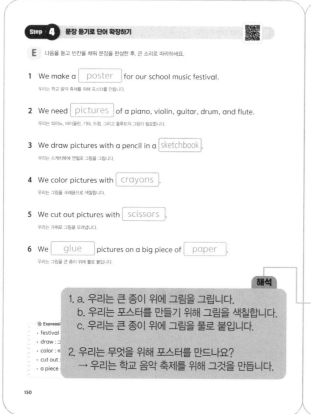

Step 4 문장 듣기로 단어 확장하기

E 다음을 듣고 빈칸을 채워 문장을 완성한 후, 큰 소리로 따라하세요.

1 We make a [poster] for our school music festival.
우리는 학교 음악 축제를 위해 포스터를 만듭니다.

2 We need [pictures] of a piano, violin, guitar, drum, and flute.
우리는 피아노, 바이올린, 기타, 드럼, 그리고 플루트의 그림이 필요합니다.

3 We draw pictures with a pencil in a [sketchbook].
우리는 스케치북에 연필로 그림을 그립니다.

4 We color pictures with [crayons].
우리는 그림을 크레용으로 색칠합니다.

5 We cut out pictures with [scissors].
우리는 가위로 그림을 오려냅니다.

6 We [glue] pictures on a big piece of [paper].
우리는 그림을 큰 종이 위에 풀로 붙입니다.

해석
1. a. 우리는 큰 종이 위에 그림을 그립니다.
   b. 우리는 포스터를 만들기 위해 그림을 색칠합니다.
   c. 우리는 큰 종이 위에 그림을 풀로 붙입니다.

2. 우리는 무엇을 위해 포스터를 만드나요?
   → 우리는 학교 음악 축제를 위해 그것을 만듭니다.

Expressi
· festival
· draw : 그
· color : 색
· cut out
· a piece

150

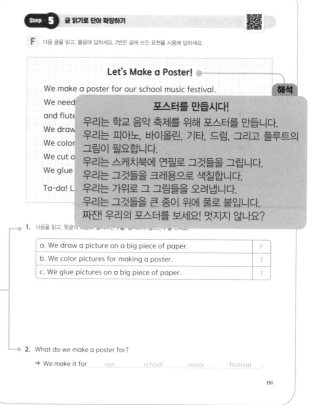

Step 5 글 읽기로 단어 확장하기

F 다음 글을 읽고, 물음에 답하세요. 2번은 글에 쓰인 표현을 사용해 답하세요.

Let's Make a Poster!

We make a poster for our school music festival.

We need

and flute.

We draw

We color

We cut o

We glue

Ta-da! L

해석
포스터를 만듭시다!
우리는 학교 음악 축제를 위해 포스터를 만듭니다.
우리는 피아노, 바이올린, 기타, 드럼, 그리고 플루트의 그림이 필요합니다.
우리는 스케치북에 연필로 그것들을 그립니다.
우리는 그것들을 크레용으로 색칠합니다.
우리는 가위로 그 그림들을 오려냅니다.
우리는 그것들을 큰 종이 위에 풀로 붙입니다.
짜잔! 우리의 포스터를 보세요! 멋지지 않나요?

1. 다음을 읽고, 윗글의

a. We draw a picture on a big piece of paper.	F
b. We color pictures for making a poster.	T
c. We glue pictures on a big piece of paper.	T

2. What do we make a poster for?
→ We make it for our school music festival .

151

DAY 24

Quick Check

1 clay → 찰흙 2 paper → 종이 4 crayon → 크레용 4 poster → 포스터 5 glue → 풀; 풀[접착제]로 붙이다

6 picture → 그림, 사진 7 palette → 팔레트 8 sketchbook → 스케치북 9 paintbrush → 붓 10 scissors → 가위

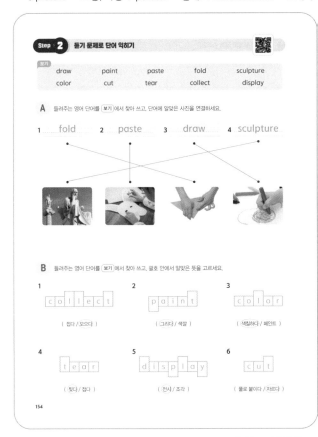

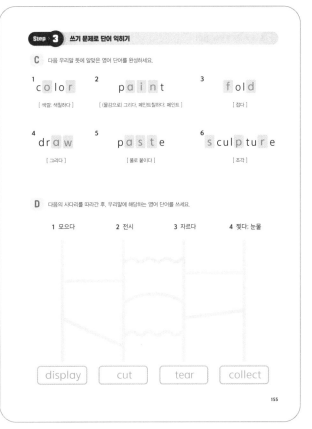

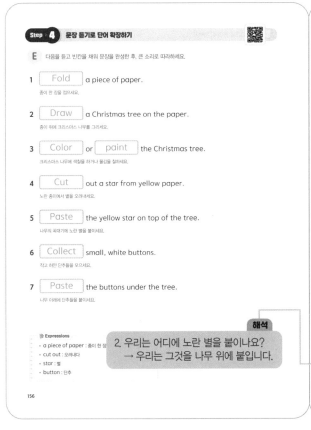

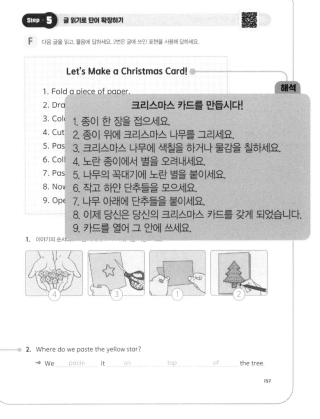

DAY 25

Quick Check

1 cut → 자르다 2 fold → 접다 3 color → 색깔; 색칠하다 4 draw → 그리다 5 collect → 모으다, 수집하다 6 tear → 찢다; 눈물

7 paint → (물감으로) 그리다, 페인트칠하다; 페인트 8 display → 전시 9 paste → 풀로 붙이다 10 sculpture → 조각

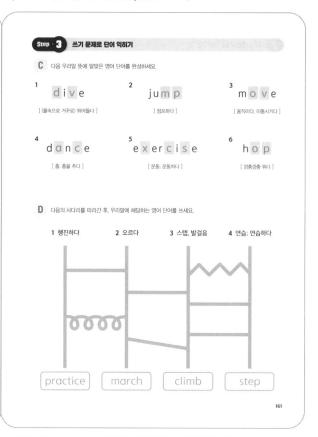

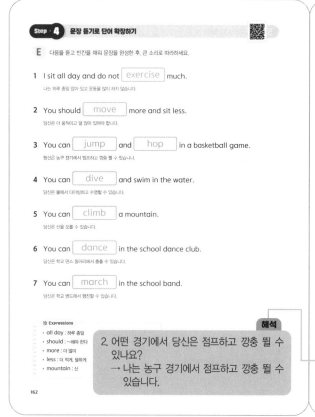

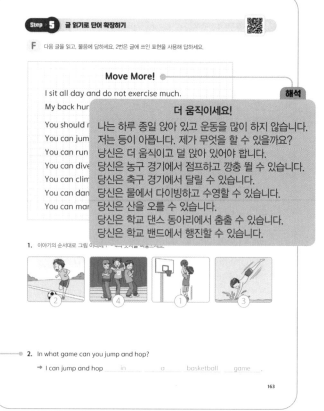

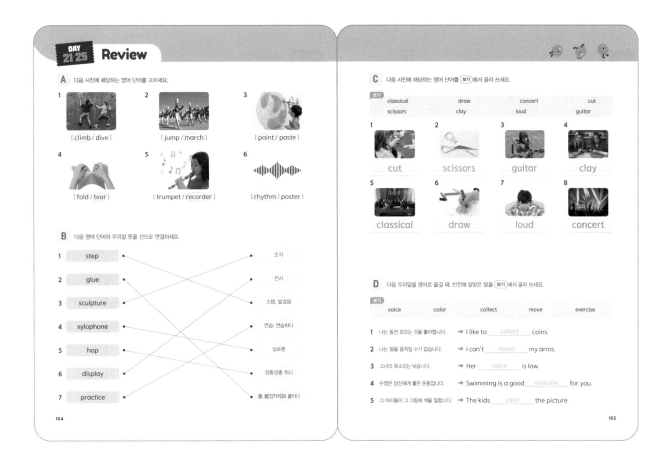

A 다음 사진에 해당하는 영어 단어를 고르세요.

1 [climb / dive]

2 [jump / march]

3 [paint / paste]

4 [fold / tear]

5 [trumpet / recorder]

6 [rhythm / poster]

B 다음 영어 단어와 우리말 뜻을 선으로 연결하세요.

1 step · · 조각
2 glue · · 전시
3 sculpture · · 스텝, 발걸음
4 xylophone · · 연습; 연습하다
5 hop · · 실로폰
6 display · · 깡충깡충 뛰다
7 practice · · 풀; 물[접착제]로 붙이다

C 다음 사진에 해당하는 영어 단어를 보기 에서 골라 쓰세요.

보기
classical   draw   concert   cut
scissors   clay   loud   guitar

1 cut
2 scissors
3 guitar
4 clay
5 classical
6 draw
7 loud
8 concert

D 다음 우리말을 영어로 옮길 때, 빈칸에 알맞은 말을 보기 에서 골라 쓰세요.

보기
voice   color   collect   move   exercise

1 나는 동전 모으는 것을 좋아합니다. → I like to _collect_ coins.
2 나는 팔을 움직일 수가 없습니다. → I can't _move_ my arms.
3 그녀의 목소리는 낮습니다. → Her _voice_ is low.
4 수영은 당신에게 좋은 운동입니다. → Swimming is a good _exercise_ for you.
5 그 아이들이 그 그림에 색을 칠합니다. → The kids _color_ the picture.

164

165

Quick Check

1 step → 스텝, 발걸음 2 dive → (물속으로 거꾸로) 뛰어들다 3 hop → 깡충깡충 뛰다 5 jump → 점프하다 5 exercise → 운동; 운동하다

6 practice → 연습; 연습하다 7 move → 움직이다, 이동시키다 8 dance → 춤; 춤을 추다 9 climb → 오르다 10 march → 행진하다

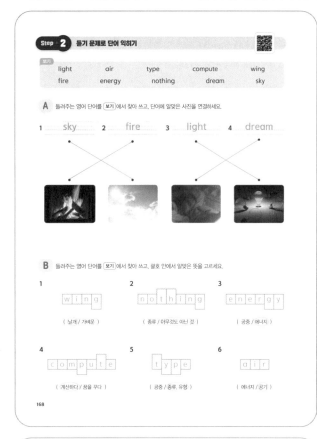

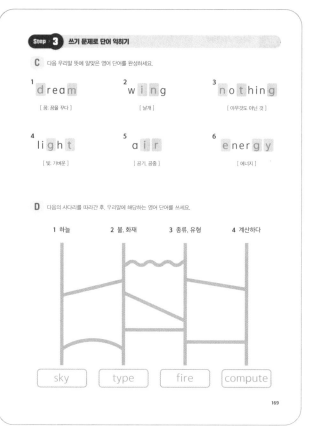

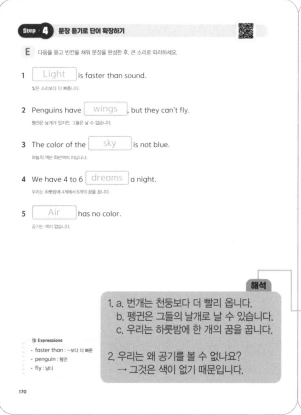

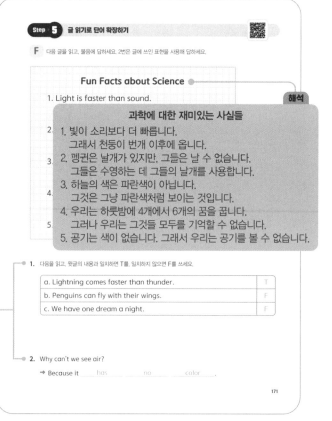

Quick Check

1 air → 공기, 공중 2 sky → 하늘 3 dream → 꿈; 꿈을 꾸다 4 energy → 에너지 5 light → 빛; 가벼운 6 wing → 날개

7 type → 종류, 유형 8 fire → 불, 화재 9 nothing → 아무것도 아닌 것 10 compute → 계산하다

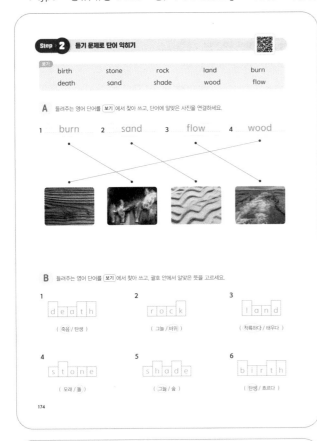

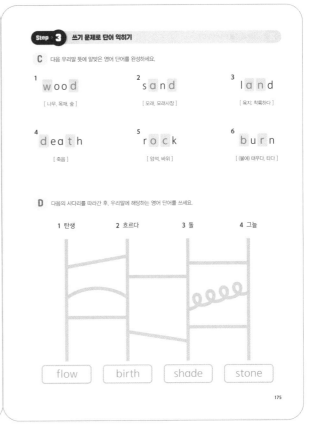

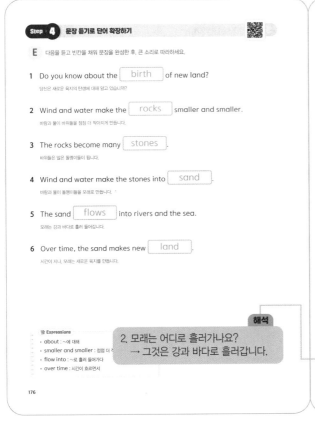

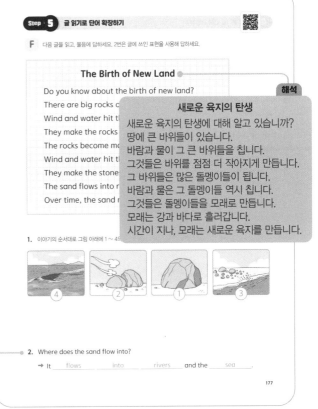

정답 및 해석 **65**

Quick Check

1 flow → 흐르다 2 burn → (불에) 태우다, 타다 3 land → 육지; 착륙하다 4 stone → 돌 5 death → 죽음

6 shade → 그늘 7 sand → 모래, 모래사장 8 rock → 암석, 바위 9 birth → 탄생 10 wood → 나무, 목재, 숲

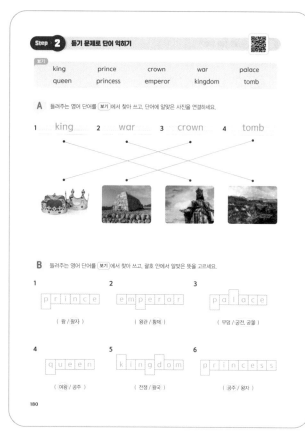

Step 2 듣기 문제로 단어 익히기

보기
| king | prince | crown | war | palace |
| queen | princess | emperor | kingdom | tomb |

A 들려주는 영어 단어를 보기 에서 찾아 쓰고, 단어에 알맞은 사진을 연결하세요.

1 king 2 war 3 crown 4 tomb

B 들려주는 영어 단어를 보기 에서 찾아 쓰고, 괄호 안에서 알맞은 뜻을 고르세요.

1 p r i n c e (왕 / 왕자)

2 e m p e r o r (왕관 / 황제)

3 p a l a c e (무덤 / 궁전, 궁궐)

4 q u e e n (여왕 / 공주)

5 k i n g d o m (전쟁 / 왕국)

6 p r i n c e s s (공주 / 왕자)

180

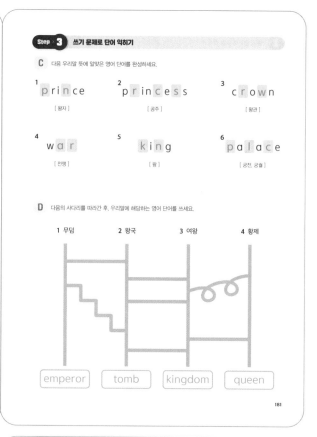

Step 3 쓰기 문제로 단어 익히기

C 다음 우리말 뜻에 알맞은 영어 단어를 완성하세요.

1 p r i n c e [왕자]

2 p r i n c e s s [공주]

3 c r o w n [왕관]

4 w a r [전쟁]

5 k i n g [왕]

6 p a l a c e [궁전, 궁궐]

D 다음의 사다리를 따라간 후, 우리말에 해당하는 영어 단어를 쓰세요.

1 무덤 2 왕국 3 여왕 4 황제

emperor tomb kingdom queen

181

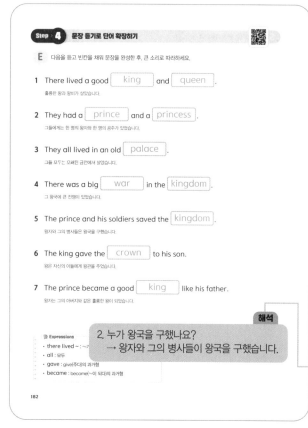

Step 4 문장 듣기로 단어 확장하기

E 다음을 듣고 빈칸을 채워 문장을 완성한 후, 큰 소리로 따라하세요.

1 There lived a good king and queen .
훌륭한 왕과 왕비가 살았습니다.

2 They had a prince and a princess .
그들에게는 한 명의 왕자와 한 명의 공주가 있었습니다.

3 They all lived in an old palace .
그들 모두는 오래된 궁전에서 살았습니다.

4 There was a big war in the kingdom .
그 왕국에 큰 전쟁이 있었습니다.

5 The prince and his soldiers saved the kingdom .
왕자와 그의 병사들은 왕국을 구했습니다.

6 The king gave the crown to his son.
왕은 자신의 아들에게 왕관을 주었습니다.

7 The prince became a good king like his father.
왕자는 그의 아버지와 같은 훌륭한 왕이 되었습니다.

📖 Expressions
• there lived ~ : ~가 살았다
• all : 모두
• gave : give(주다)의 과거형
• became : become(~이 되다)의 과거형

해석
2. 누가 왕국을 구했나요?
→ 왕자와 그의 병사들이 왕국을 구했습니다.

182

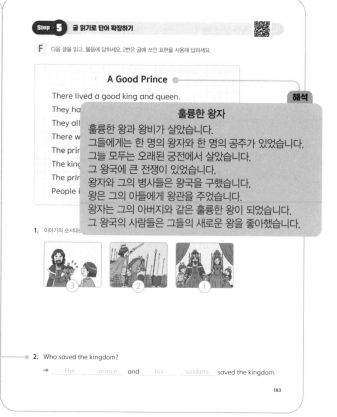

Step 5 글 읽기로 단어 확장하기

F 다음 글을 읽고, 물음에 답하세요. 2번은 글에 쓰인 표현을 사용해 답하세요.

A Good Prince

There lived a good king and queen.
They ha
They all
There w
The prin
The king
The prin
People i

해석

훌륭한 왕자
훌륭한 왕과 왕비가 살았습니다.
그들에게는 한 명의 왕자와 한 명의 공주가 있었습니다.
그들 모두는 오래된 궁전에서 살았습니다.
그 왕국에 큰 전쟁이 있었습니다.
왕자와 그의 병사들은 왕국을 구했습니다.
왕은 그의 아들에게 왕관을 주었습니다.
왕자는 그의 아버지와 같은 훌륭한 왕이 되었습니다.
그 왕국의 사람들은 그들의 새로운 왕을 좋아했습니다.

1. 이야기의 순서대로

2. Who saved the kingdom?
→ The prince and his soldiers saved the kingdom.

183

Quick Check

1 crown → 왕관 2 prince → 왕자 3 queen → 여왕 4 tomb → 무덤 5 war → 전쟁

6 king → 왕 7 princess → 공주 8 palace → 궁전, 궁궐 9 kingdom → 왕국 10 emperor → 황제

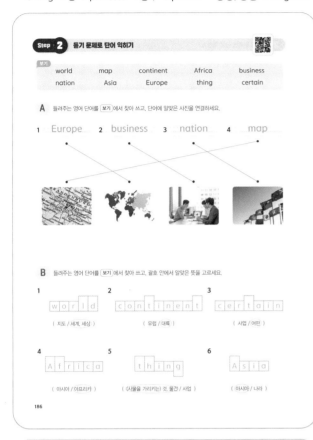

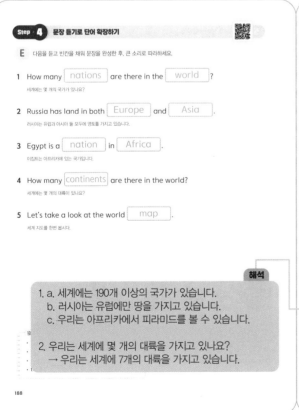

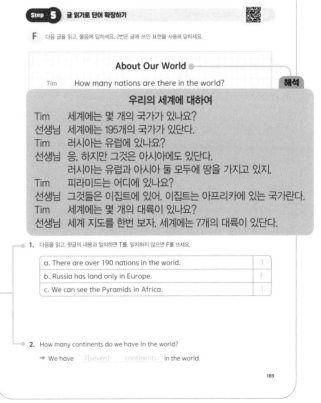

DAY 30

Quick Check

1 map → 지도 2 Asia → 아시아 3 thing → (사물을 가리키는) 것, 물건 4 certain → 확실한, 어떤, 확신하는 5 nation → 국가, 나라

6 world → 세계, 세상 7 Europe → 유럽 8 business → 사업 9 continent → 대륙 10 Africa → 아프리카

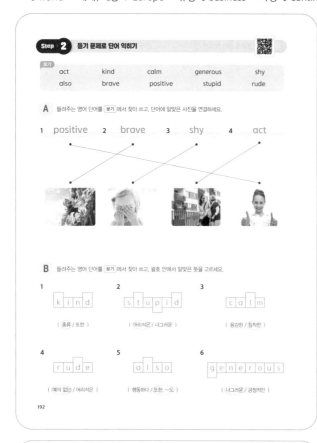

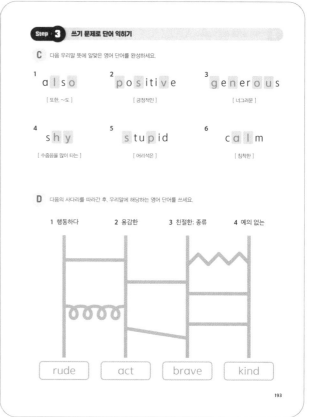

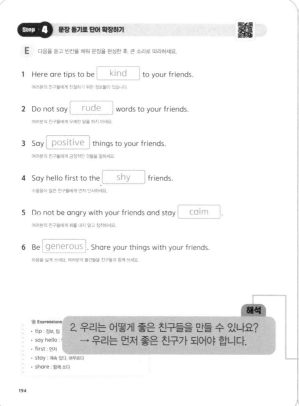

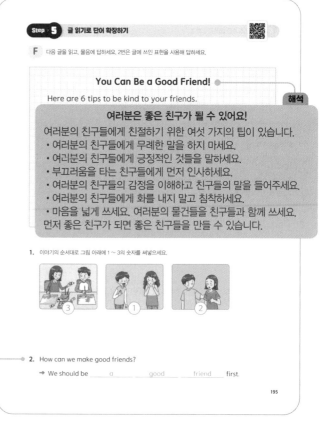

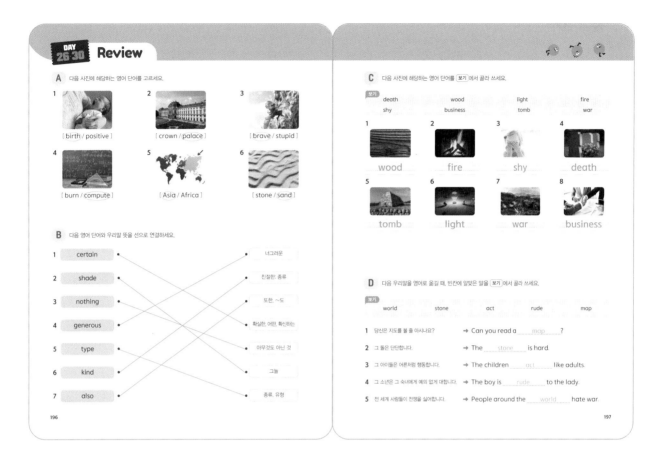

A 다음 사진에 해당하는 영어 단어를 고르세요.

1 [birth / positive]
2 [crown / palace]
3 [brave / stupid]
4 [burn / compute]
5 [Asia / Africa]
6 [stone / sand]

B 다음 영어 단어와 우리말 뜻을 선으로 연결하세요.

1 certain · · 너그러운
2 shade · · 친절한; 종류
3 nothing · · 또한, ~도
4 generous · · 확실한, 어떤; 확신하는
5 type · · 아무것도 아닌 것
6 kind · · 그늘
7 also · · 종류, 유형

196

C 다음 사진에 해당하는 영어 단어를 보기 에서 골라 쓰세요.

보기
death   wood   light   fire
shy   business   tomb   war

1 wood
2 fire
3 shy
4 death
5 tomb
6 light
7 war
8 business

D 다음 우리말을 영어로 옮길 때, 빈칸에 알맞은 말을 보기 에서 골라 쓰세요.

보기
world   stone   act   rude   map

1 당신은 지도를 볼 줄 아시나요? → Can you read a ___map___?
2 그 돌은 단단합니다. → The ___stone___ is hard.
3 그 아이들은 어른처럼 행동합니다. → The children ___act___ like adults.
4 그 소년은 그 숙녀에게 예의 없게 대합니다. → The boy is ___rude___ to the lady.
5 전 세계 사람들이 전쟁을 싫어합니다. → People around the ___world___ hate war.

197

Quick Check

1 rude → 예의 없는, 무례한 2 calm → 침착한 3 stupid → 어리석은 4 generous → 너그러운 5 kind → 친절한; 종류
6 act → 행동하다 7 positive → 긍정적인 8 shy → 수줍음을 많이 타는 9 also → 또한, ~도 10 brave → 용감한

MEMO

MEMO

MEMO

초등영단어
문장의 시작 Level 2

메가스터디BOOKS

내용 문의 02-6984-6908 | 구입 문의 02-6984-6868,9 | www.megastudybooks.com

잘 키운 문해력, 초등 전 과목 책임진다!

메가스터디
초등 문해력 시리즈

학습 대상 : 초등 2~6학년

초등 문해력
어휘 활용의 힘

어휘편
1~4권

> 초등 문해력
한 문장 정리의 힘

기본편
1~4권

> 초등 문해력
한 문장 정리의 힘

실전편
1~4권

메가스터디 BOOKS